NEGOCIO
SOBRENATURAL

Un Mejor Plan

MIKE ROVNER

Negocio Sobrenatural
© 2021 por Mike Rovner

Título en inglés: *Supernatural Business*
© 2020 por Mike Rovner

Publicado por Insight International, Inc.
contact@freshword.com
www.freshword.com
918-493-1718

Todos los derechos reservados. Ninguna parte de este libro puede ser reproducida o transmitida de ninguna forma o por cualquier medio, electrónico o mecánico, incluyendo fotocopias y grabaciones, o por almacenamiento de información y sistema de recuperación, sin el permiso y consentimiento por escrito de parte del autor.

A menos que se indique lo contrario, todas las Escrituras han sido extraídas de la Santa Biblia, Nueva Versión Internacional®, NVI® Derechos de Autor ©1973, 1978, 1984, 2011 por Bíblica, Inc.® Utilizadas con permiso. Todos los derechos reservados en todo el mundo.

Citas Bíblicas marcadas con NTV fueron obtenidas de la Santa Biblia, Nueva Traducción Viviente, ©1996, 2004. Utilizadas con permiso de parte de Tyndale House Publishers, Inc., Carol Stream, Illinois 60188. Todos los derechos reservados.

Citas Bíblicas marcadas con RVR se obtuvieron de la versión Reina-Valera © 1960 Sociedades Bíblicas en América Latina; © renovado 1988 Sociedades Bíblicas Unidas. Utilizado con permiso. Reina-Valera 1960™ es una marca registrada de la American Bible Society, y puede ser usada solamente bajo licencia.

ISBN: 978-1-943361-73-1
E-Book ISBN: 978-1-943361-74-8

Numero de Control de la Biblioteca del Congreso: 2020914471

Impreso en los Estados Unidos de América.

Opiniones

A cada uno de nosotros se nos da una esfera de influencia para que podamos avanzar hacia el Reino de Dios. Mi amigo, Mike Rovner, ha florecido en el área de los negocios al operar en la sabiduría y los caminos de Dios. Él ha sido testigo, directamente, de la entrega e intervención milagrosa de Dios porque él mismo se ha permitido ser una extensión del ministerio del Señor aquí en la tierra. A través de la palabra de Dios e historias personales, Mike te infundirá fe para que puedas ocupar de forma poderosa tu esfera de influencia y experimentes la obra sobrenatural de Dios en tu negocio y tu propia vida.

John Bevere
Ministro y Autor mejor vendido
Cofundador, *Messenger Intenational*

Un negocio en crecimiento es el resultado de un líder en crecimiento. Mi amigo Mike Rovner te lleva en tu viaje de crecimiento a través de *Negocio Sobrenatural*. Su transparencia y vulnerabilidad te cautivarán y te mantendrá atento. Te hará reflexionar sobre tu propia vida y te dará una gran confianza en cómo vivir y hacer negocios de una forma sobrenatural. Tanto te gustará este libro que querrás compartirlo con todos tus amigos. ¡Gran libro!

Sam Chand
Consultor de Liderazgo
Autor de *New Thinking – New Future*

Mike Rovner es *la* voz principal tanto en los negocios como en la iglesia. Su humildad, carácter, fe y corazón por la iglesia local son insuperables. Verdaderamente, es un rey y un sacerdote. Mike Rovner maneja un negocio exitoso y funciona como pastor y líder superior en nuestra iglesia, manejando todos los aspectos con excelencia. Él y Janet son un modelo absoluto para cualquier persona en el mundo de los negocios. Desde hombre de negocios a pastor, este libro es para ti.

Negocio Sobrenatural: Un Mejor Plan de seguro cambiará tu vida, tu negocio y tu iglesia local.

Jude Fouquier
Pastor, City Church California
Ventura, CA

El Señor nos está dando ideas de negocios plenas de divinidad y un innovador tal como Mike Rovner en el mundo de los negocios, para mostrar al mundo lo que es posible cuando un negocio opera bajo los principios sobrenaturales que se encuentran en *Negocio Sobrenatural*. Dios está en movimiento y bendice a todos aquellos que lo tienen a Él como el centro de todo lo que realizan. *Negocio Sobrenatural* es un libro que llevará tu negocio al siguiente nivel.

Jentezen Franklin
Pastor titular, Free Chapel
Autor mejor vendido del *New York Times*

Las historias en este libro son de mucha inspiración y las estrategias sobre el éxito cambian vidas.

Bob Harrison
"Dr. Increase"

Negocio Sobrenatural es una lectura de inspiración que abrirá sus ojos al significado de prosperar en los negocios. Aquí, Mike Rovner descubre la clave para el éxito que guiará tu vida y tu negocio por medio de la sabiduría de Dios.

Phil Hotsenpiller
Fundador, Influence Church
Presidente, New York Executive Coaching Group
Autor de las Series *Passionate Lives and Leaders*

Dios te ama y tiene un maravilloso plan para tu vida —y negocio. *Negocio Sobrenatural* es un libro que trata sobre milagros y sabiduría sobrenatural que te ayudará a tener un negocio exitoso. Aprenderás como construir un gran equipo, caminar en integridad incuestionable y tomar mejores decisiones financieras. Mike Rovner ha vivido cada paso de las lecciones que comparte y ha dedicado este libro para que tengas tu éxito sobrenatural.

John Mason
Autor mejor vendido de numerosos libros,
incluyendo *An Enemy Called Average*

El libro de Mike Rovner, *Negocio Sobrenatural* es mucho más que un libro de negocios. Más allá de la descripción de Mike sobre los atributos clave para manejar un negocio con éxito, Mike eleva la verdadera razón y propósito para manejar un negocio en primer lugar. Más allá de un estado de ganancias/pérdidas, la compañía MRC de Mike sirve como un motor que provee oportunidades para mejorar las vidas de sus empleados, vendedores y clientes. Al mismo tiempo, contribuye con ministerios por medio de sus habilidades, dinero y esfuerzos. La esencia de las lecciones aprendidas será de alto valor para los lectores, sin importar en qué etapa de sus carreras se encuentren. Más allá de los negocios, Mike ofrece sabias enseñanzas sobre lecciones aprendidas a través de su vida. El carácter y la fe de Mike resuenan a través de cada palabra escrita en este libro. Habiendo trabajado junto a Mike por muchos años, puedo testificar que Mike verdaderamente "predica con el ejemplo".

Timothy O'Brien
Director General y Consejero de Legacy Partners

Mike Rovner es una persona genuina. Los principios e historias asombrosas que comparte en este libro definen CÓMO y QUÉ cosas ha utilizado para que su negocio, ganancias e influencia crezcan. A través de estos principios, he visto el increíble crecimiento de su negocio, ya que he tenido el privilegio de entrenar a Mike desde el año

2006. ¡Lee y aplica los poderosos principios que se encuentran en este libro y espera un crecimiento dramático!

Tim Redmond
CEO, RedmondGrowth.com

El líder de negocios que financió el evento es igual de importante que el ministro que está en la plataforma guiando a miles hacia Cristo. Por muchos años he estado diciendo que necesitamos un millón de líderes de negocios con una mentalidad, revelación y autoridad enfocada en el Reino de Dios, así como Mike Rovner. No tan solo ha utilizado su riqueza para producir consecuencias eternas, sino que ha administrado la influencia que viene con un éxito poco común y la utilizó para restaurar vidas y llevar una esperanza tangible a todas las esferas de la sociedad. Estoy tan agradecido de que su jornada de fe y sus testimonios de inspiración hayan sido plasmados en este libro, *Negocio Sobrenatural*.

Dominic Russo
Fundador, Missions.Me y 1Nation1Day

Agradecimiento especial

No pude haber hecho nada de esto (me refiero a mi vida, mi negocio, o este libro) sin mi esposa, Janet. Cuando nos conocimos hace más de treinta y cinco años, me miró y vio potencial. Ella reconoció en lo que Dios quería convertirme y comenzó a alimentarme con los ingredientes saludables – libros asombrosos y otros recursos —eso transformaría ese potencial en una realidad. Gracias a ella, conocí a Jesucristo, me apasioné con los negocios, el éxito y libros de liderazgo, y decidí que la forma convencional de hacer negocio no sería la forma de manejar a *Mike Rovner Construction*.

La otra persona a quien quiero dar un agradecimiento especial es a mi abuela. Ella es una de las personas más generosas que he conocido. Ella me presto $3,000 que me permitieron comprar mi primera pieza de equipo, una maquina rociadora para texturas, la cual eventualmente se convirtió en una herramienta de una compañía de millones de dólares anuales.

También quiero agradecer…

A mis hijos, Ryan y Nicole: Ser su padre ha sido la mayor alegría de mi vida. Estoy tan orgulloso de quienes se han convertido como adultos y pienso que he aprendido más de ustedes de lo que les he enseñado.

A mis pastores, Rod y Debbie: Sus enseñanzas y entrenamiento me han ayudado a convertirme en la persona quien soy hoy día.

A mis pastores, Jude y Becky: Su fe sobrenatural me ha inspirado a hacer mucho más de lo que pensaba que podría hacer.

A mis mentores, Bob Harrison y Chuck Damato: Ambos me han ayudado tanto en mi camino, debido a la forma en que ustedes viven sus vidas.

A todo el equipo de MRC, en especial a Dave Holland y Cam Behtash: Sería imposible para mí hacer lo que hago sin ustedes.

A mi madre: ¡Te amo tanto y estoy tan orgulloso de ti!

Contenido

Prólogo 11
Introducción 15

Capítulo 1: De alto a elevado 21
Capítulo 2: Alguien siempre está observando 41
Capítulo 3: Los beneficios de la integridad 55
Capítulo 4: La práctica de la dependencia total 71
Capítulo 5: No te opongas 85
Capítulo 6: Ayudar a otros es la clave de la grandeza ... 99
Capítulo 7: Ármate de valor 117
Capítulo 8: El poder de la perseverancia 135
Capítulo 9: Honor en los negocios 147
Capítulo 10: El cambio de atmósfera 163
Capítulo 11: Creer 177

Prólogo

Puedo recordar aquella noche muy claramente. Estaba sentado en el restaurante Bubba Gump Shrimp en Times Square, en la ciudad de Nueva York. Había terminado de predicar en una iglesia y mi esposa y yo reflexionábamos sobre las cosas que queríamos hacer en nuestra iglesia. Soy pastor de una iglesia poco común en Los Angeles llamada *The Dream Center* (El Centro de los Sueños). Somos dueños de un hospital donde cientos de personas sin hogar que luchan con la adicción a las drogas reciben vivienda gratuita y estímulo para reconstruir sus vidas diariamente. Es como una ciudad de refugio para todo tipo de heridas y dolor que puedas imaginar. Mientras soñábamos en nuestro futuro, recibimos una llamada de una compañía de construcción diciéndonos cuál sería el costo del proyecto para terminar el resto de nuestro hospital de cuatrocientos mil pies cuadrados. El precio era cerca de los treinta y ocho millones de dólares. La noticia fue tan abrumadora que luego de la llamada comencé a llorar. Le dije a mi esposa: "Se acabó". Sentí que el sueño de renovar un hospital para atender a los más necesitados de Los Angeles nunca se haría realidad. La tarea era devastadora. Nunca podríamos pagar esa cantidad. Estábamos convencidos de que este hospital en la Autopista de Hollywood nunca serviría a su propósito.

Cuando llegamos de vuelta a Los Angeles con el rabo entre las piernas, recibimos una llamada de parte de un hombre llamado Mike Rovner. Parecía como si Mike hubiese estado escuchando nuestra conversación en medio de Times Square. Comenzó a contarme que hace muchos años me escuchó hablar por la televisión cristiana sobre emprender la ardua tarea de renovar este hospital. La visión era una locura – tomar un viejo hospital lleno de escombros y completamente destruido y convertirlo nuevamente en un lugar floreciente de servicio social y transformación para la comunidad. Lo cierto es que, muchos no respaldaban el proyecto porque el lugar estaba tan destrozado que no creían que pudiera ser renovado. Las únicas ofertas que recibimos eran de compañías que elevaban el precio para que el proyecto nunca fuera realidad. Esto fue lo que impulsó a que Mike me llamara.

Como verás, Mike es un hombre que cree en lo imposible y espera lo extraordinario. Mike vive su vida con la siguiente frase: "La necesidad del hombre es el llamado de Dios para hoy". Le dije cuál era el presupuesto que nos habían dado y Mike me dijo que haría el proyecto por el precio de los materiales e incluso donaría parte de la mano de obra - ¡Eso es todo! ¡Sin ganancias! Nos ayudó a reconstruir el hospital por el simple hecho de que estaba restaurando un lugar que en algún punto de su vida pudo haberlo ayudado. Un par de años después, el proyecto fue completado y ahora la segunda mitad del edificio está terminada. Cientos de personas más están recibiendo otra oportunidad de vida. Las unidades del hospital están repletas con veteranos de la guerra que no tienen hogares y víctimas de tráfico sexual que están siendo rescatadas —todo esto por un hombre que cree en dar hasta el final.

El mundo de los negocios de hoy puede cambiar el mundo para Dios. Observo como una generación de hombres y mujeres como Mike está surgiendo por todos lados. Son buscadores de necesidades quienes se pasan la vida buscando formas de cómo ser generosos y buscando oportunidades de dar hasta el final. Ellos son de los que rechazan la premisa de que la grandeza se mide teniendo más. Al contrario, entienden que la grandeza significa construir puentes que puedan conectar a la gente con un mejor mañana.

Mike es un gran ejemplo de lo que es trabajar duro por una causa. Es un hombre que entiende que el más pobre en el mundo no es aquel

PRÓLOGO

que no tiene ni un centavo, sino aquel que no tiene una *misión*. El poder para cambiar el mundo, frecuentemente, está en las manos de aquellos que tienen dinero y corporaciones. Sin embargo, el poder para cambiar los *corazones* de la gente está en las manos de un grupo de hombres y mujeres como Mike, que entienden que la prosperidad debe tener un objeto de amor como destinatario. Una persona generosa no es solo una buena persona, sino alguien que puede tornar las circunstancias de un lugar como El *Dream Center* y la medida de su influencia vivirá por muchas generaciones. Piensa por un minuto sobre la cantidad de personas que recibirán rehabilitación y tendrán una vivienda por décadas – todo porque un hombre estuvo dispuesto a detener el ciclo de las ganancias para usar la bendición de su influencia y ayudar a que un ministerio que estaba sufriendo encontrara el milagro que necesitaban para seguir adelante.

Este es un libro de milagros. Te impulsará, retará e inspirará. Está basado en un hombre que se levanta cada día de su vida y dice, "¡Sí!" a su propósito. Los libros son grandiosos y es maravilloso conocer la verdad. La diferencia es que *este* libro proviene del alma de un hombre que fue restaurado y no se olvidó de aquellos que necesitan levantarse nuevamente. Abre tu mente y entiende que estás leyendo algo que viene del corazón de un hombre honesto y con entrega total que camina sobre el agua todos los días por medio de su fe y su misión.

Pastor Mathew Barnett
Autor más vendido, *New York Times*
Cofundador, *The Dream Center*

Introducción

En 1993, Janet y yo estábamos recién casados. Yo tenía un pequeño negocio de reparación de paneles de yeso. Janet era la asistente de cuatro estilistas muy ocupados y ayudaba en el lavado del cabello. Se quedaba despierta algunas noches luego de que me había acostado a dormir y miraba el canal cristiano en la televisión.

Una noche me levantó después que me había dormido. Me llamó: "Mike, baja, quiero mostrarte algo".

No quería levantarme, por lo tanto dije: "Estoy durmiendo".

"No", insistió con amabilidad: "Quiero mostrarte este edificio en el centro de la ciudad que Mathew y Tommy Barnett acaban de comprar. Tiene una gran cantidad de paneles de yeso que necesitan reparación".

A este punto, ya me había despertado, entonces bajé a regañadientes para observar a dos pastores en la televisión. Uno era el pastor Matthew Barnett, quien tenía dieciocho o diecinueve años en ese tiempo, y el otro era Tommy Barnett, un evangelista y ministro mundialmente famoso. Acababan de comprar un edificio en Los Angeles, el antiguo hospital *Angels of Mercy* y caminaban juntos por la propiedad. Solo digamos que necesitaba mucho trabajo.

"¿Te das cuenta?", expresó Janet, "tiene un montón de paneles de yeso que necesitan repararse. Creo que deberías ir allá y averiguar si puedes reparar los paneles de yeso".

Respondí: "Me voy a acostar de nuevo".

"Verdaderamente, creo que deberías ayudar a estos hombres", insistió.

No sabía cómo podría hacerlo, aunque quisiera. No tenía conexiones, por tanto, me fui a acostar nuevamente. No obstante, Dios comenzaba a hacer sus milagros en nuestras vidas.

Literalmente, todo lo que sucedió desde esa conversación nocturna resultó ser un tiempo de preparación para mí. Aprendí mucho sobre construcción y negocios y gran parte de este libro trata acerca de esos primeros quince años y lo que siguió después. Es acerca de todas las cosas que he aprendido y que ayudarán a que alguien pueda llegar del punto A al B y creo que reducirá drásticamente su curva de aprendizaje.

Un avance rápido de quince años. Janet y yo habíamos estado asistiendo a *The Dream Center* por dos o tres años, el cual fue fundado por Matthew y Tommy Barnett en ese antiguo hospital de Los Angeles en el centro. Habíamos aprendido mucho, y ahora queríamos hacer un evento para gente de negocios.

Janet seguía reconociendo: "Deberíamos invitar a Matthew Barnett a hablar en nuestro evento".

"Me encantaría tenerlo como orador," le respondí, "pero ni lo conocemos. ¿Cómo podría conseguir que viniera?"

Poco después de esto, un amigo nuestro llamado Bob Harrison nos llamó y nos dijo que iba a predicar en *Angeles Temple,* la iglesia de *The Dream Center.* "Quiero que ustedes me acompañen," nos dijo. "Tendré una reunión con Matthew y Tommy Barnett y los quiero presentar con ellos".

Poco tiempo después, Janet y yo tuvimos el honor de conocer a Matthew y Tommy Barnett y me hice amigo de Matthew. Por tanto, claro que le pedí que fuera el orador de nuestra conferencia para negociantes cristianos, ¡la cual se llevaría a cabo en la Biblioteca Presidencial Ronald Reagan en Simi Valley, California!

Matthew fue el orador de nuestro evento, el cual tuvo mucho éxito. En ese evento, hizo una invitación a quienes querían entregar

INTRODUCCIÓN

sus vidas a Jesús. Alrededor de cien personas de negocios —individuos que nunca habían asistido a una iglesia en su vida —entregaron sus vidas a Jesús ese día.

Matthew y Tommy se enteraron de que yo era constructor y en esa ocasión, querían remodelar el edificio del *Dream Center*. Me pidieron que les diera un presupuesto. Ya habían recibido un presupuesto por treinta y ocho millones de dólares, pero mi equipo y yo dimos un vistazo al trabajo, aunque no estábamos seguros si podríamos realizarlo.

Luego de haber analizado bien y calcular los números, hablé con Matthew y Tommy y expresé: "Este no es un trabajo de treinta y ocho millones de dólares. Como mucho, es un trabajo de veinticinco millones de dólares".

Ellos se emocionaron mucho al oír esto y me pidieron que hiciera una presentación ante su junta de directores. Les conté la historia de cómo Janet, quince años atrás, me había despertado aquella noche y había comenzado a sentir y expresar que de alguna forma ayudaríamos al *Dream Center*.

Todo lo que había aprendido entre 1993 y 2008 me preparó para hacer este trabajo en el *Dream Center* y cuando expresé al comité lo que podíamos hacer y cuánto costaría, contrataron a *Mike Rovner Construction (MRC)* para remodelar el edificio en el centro de la ciudad de Los Angeles, para el mundialmente famoso *Dream Center*.

No terminamos el trabajo por veinticinco millones. Entregamos el edificio renovado por diecisiete millones, ¡brindando un ahorro a esta organización sin fines de lucro de más de veintiún millones de dólares! No solo eso, esto sucedió durante la Gran Recesión del 2009, cuando no había mucho trabajo y pude mantener ocupados alrededor de cien empleados por casi cuatro años durante una economía en depresión. Ese trabajo mantuvo nuestra compañía a flote cuando muchas otras estaban perdiendo sus negocios. No tan solo fue de beneficio para

Matthew y Tommy Barnett, así como su organización; sino también de gran beneficio para nosotros.

Mientras llevábamos a cabo ese proyecto, literalmente, cientos de nuestros vendedores y subcontratistas tuvieron un acercamiento con el Evangelio de Jesucristo, por medio del *Dream Center,* de una forma muy práctica.

He pasado toda una vida en los negocios, aprendiendo las claves de cómo opera Dios en el mundo de los negocios y este libro es el producto de todo lo que Dios me ha enseñado. Este libro se trata de cambiar tu atmósfera y la de tu equipo; porque esta es la clave para transformar tu vida y trabajo de algo inmerso en lo mundano hacia algo empoderado por lo prodigioso. El secreto no es tan solo sobre cómo mejorar uno mismo, atribuirlo a nuevos valores o contratar a personas piadosas. Se trata de cambiar la ecuación de cómo nos beneficia nuestro trabajo a como avanza hacia el Reino de Dios y se convierta de ayuda a los demás. Cuando abrazamos esto, pasamos de tener un negocio –incluso, un negocio cristiano – hacia algo más allá de lo natural.

Se convierte en algo sobrenatural. Pero no se trata sobre las claves que Dios me ha mostrado; se trata de la transformación inspirada por Dios que se gesta dentro de nosotros. Esta bendición llega cuando dejamos que Dios nos reinvente y nos convierta en las personas que Él desea que seamos. Dios quiere que seamos personas con una mentalidad milagrosa y cuando lo hacemos como líderes de negocio, cambiamos la atmósfera de nuestros negocios.

Piensa en este libro como una hoja de referencia —una forma de disminuir tu curva del aprendizaje, encaminada a tener un negocio sobrenatural —porque está diseñada para extender aquellas cosas correctas que están en ti y señalar los principios de cambio que podemos encontrar en nuestra propia Biblia durante cualquier día de la semana. No hay nada en este libro que sea estremecedor, pero hará una diferencia. Ninguna de estas ideas es una solución mágica.

INTRODUCCIÓN

Este libro no trata acerca de principios clave, es acerca de inspirar transformación. No es un bosquejo sobre las cosas que puedes hacer diferentes, se trata de seguir a Aquel que convierte nuestros mejores esfuerzos en algo más allá de lo que los seres humanos podemos lograr. Las claves apuntan el camino hacia Dios.

No puedo hacerte cambiar. Este libro no te hará cambiar. De hecho, no puedes cambiarte a ti mismo. Pero Dios si puede y me ha impulsado para señalar de qué instrumentos se ha valido para cambiarme. Prepárate para exceder lo natural, porque estamos a punto de entrar en lo sobrenatural.

CAPÍTULO 1:

De alto a elevado

Aprendí mucho sobre negocios cuando vendí drogas en mi juventud. Lo gracioso es que cuando las consumía y vendía, no creo que hubiera alguien que se preocupara por mí. Vivía en el sur de California donde tal actividad era aceptada. Ese era yo. Podría haber estado sentado en el armario envuelto en una manta, me hubiera vuelto loco o hubiera caído de las alturas, y nadie se hubiera preocupado. Era gran parte del proceso, puesto que vender drogas era prácticamente el negocio de la familia.

Lo más raro ocurrió cuando decidí seguir a Jesús, la gente empezó a decir: "Estoy realmente preocupado por Mike". Pensaban que era una etapa por la que estaba pasando. Estaban sumamente preocupados por mí, como si fuera a tener una sobredosis de Jesús y que sería peor que una sobredosis de drogas.

Bueno, no fue una etapa. Jesús cambió mi vida en todas las formas posibles, aunque algunas han llevado más tiempo que otras para verse. Él sigue trabajando en mí hasta hoy y lo que me ha enseñado ha hecho una tremenda diferencia tanto en mi vida como en mis negocios. Creo que podría transformar los tuyos también.

Un comienzo desde el fondo

Crecí en un hogar destrozado y disfuncional. Mi familia era judía no practicante, y tenía casi cuarenta años cuando descubrí que el hombre que siempre pensé que era mi padre, no era mi verdadero padre. No había estado en mi vida desde los nueve años, pero de todas maneras fue un golpe terrible.

Cuando tenía casi diez años, mi madre se volvió a casar y mi nuevo padrastro era verbalmente abusivo conmigo y mis dos hermanas. Crecí con rencor porque siempre me estaba sobajando y comparándome con su hijo biológico, entonces decidí demostrarle cuán equivocado estaba.

No obstante, los principios de mi padrastro eran tendenciosos; él y mis dos tíos eran vendedores de droga. En mi biografía, se dice que desde mis trece años ya era un empresario, lo cual es cierto pues desde esa edad vendía drogas. Como ya lo mencioné, ¡de hecho era una especie de negocio familiar! Mi tío me vendía hojas de marihuana a diez dólares y con un par de amigos armaba los cigarros y los vendía a un dólar cada uno en la parte trasera de la escuela. Generalmente, ganaba $60 con esto, lo que era una buena utilidad por mi inversión, y aprendí a ganar dinero a temprana edad.

También tenía una ruta para entregar periódicos. A los diez años, mi padrastro me dijo que no podía ver más la televisión familiar, y puesto que me gustaban tanto los deportes, me fui y conseguí una ruta para entregar periódico. A los trece años, comencé a trabajar para un jardinero cortando césped, mi padrastro no le permitía a mi madre gastar dinero en nosotros; a los catorce años o más yo, de alguna manera, ya me sostenía solo. A los dieciséis, ya ayudaba a mi madre a pagar las cuentas y a los diecisiete, estaba aprendiendo a reparar paneles de yeso. Estaba motivado y aprendiendo el arte de los negocios, lo que terminó siendo una experiencia positiva que me ayudó a lo largo de mi carrera.

A los diecisiete, conseguí un trabajo con un hombre que reparaba paneles de yeso, que también se llamaba Mike y acondicionaba techos acústicos. Honestamente, era una persona horrible y un terrible empresario, ¡pero estoy sumamente agradecido con él! Me dio mi primer trabajo en la industria de la construcción.

Cuando comencé a trabajar para mi primer jefe, me dijo que si terminaba parte del trabajo mientras él iba a comprar más materiales, me daría un pequeño pago extra. Me sentí súper entusiasmado, así que me apresuré a terminar mi parte que era preparar la casa hacer el "Tirol" en el techo, lo que se utilizaba en esa época como *popcorn ceiling*. Cuando él regresara, atomizaría el techo con la textura, luego limpiaríamos juntos el lugar y nos pagaban.

Poco después de que comenzó a motivarme en mi arduo trabajo con están bonificaciones, se iba durante parte del día, y me daba $40 adicionales si colocaba la cinta en toda la casa, rociaba el material acústico para el techo y dejaba todo limpio antes de que él regresara. Estaba súper emocionado por ganar dinero extra, así que me apresuraba a colocar la cinta, rociar el material acústico, limpiar y sacar los escombros al patio de enfrente. También me reunía con los clientes, les entregaba las facturas y cobraba los cheques.

A veces, me dejaba esperándolo durante horas ¡frente a la casa en la que haríamos el trabajo! Yo ya había terminado el trabajo dejando todo en orden y listo para marcharnos, y a manera de justificación por la tardanza, decía que había un incendio en la autopista. Pero en su camioneta estaban todas las bolsas de comida rápida. Me preguntaba si en realidad había un incendio o simplemente tomó un almuerzo muy largo y me dejó hacer todo el trabajo por él.

Esto continuó por un tiempo y me enseñó mucho sobre lo que *no* se debe hacer en los negocios. Después de unos cuatro meses de esta relación (yo acababa de cumplir dieciocho años), me di cuenta, "¡Hey, esto podría hacerlo por mi propia cuenta!"

Ese fue el génesis de mi primer negocio. Empecé mi primer negocio acondicionando techos acústicos (lo que fue un total fracaso), cuando tenía diecinueve, y no tenía idea de cuánto era lo que no sabía todavía sobre la industria de la construcción. Pero en parte debido a todo el trabajo duro que hice para mi primer empleador, estaba aprendiendo.

También trabajé para mi tío Dave, contratista de pintura, del cual aprendí que, si haces un trabajo de calidad, obtendrás más trabajos.

También trabajé para mi otro tío, Rick, que tenía de un negocio de mantenimiento. Ciertamente, era un hombre inteligente y capaz de hacer todo tipo de trabajo de construcción. Fue un buen momento porque aprendí mucho sobre mi propia persona —incluyendo que honestamente no era muy bueno en la construcción. Lo intenté mucho, pero realmente no era tan bueno. ¡Pude ver a mi tío colocar puertas en treinta ocasiones, pero no lograba que las que yo instalaba cerraran correctamente!

Durante ese tiempo, se lesionó una mano con una sierra eléctrica y no podía trabajar mientras se recuperaba. Al no trabajar él, yo tampoco tenía trabajo. El teléfono sonaba, pero como estaba tomando muchos medicamentos, no atendía las llamadas. Entonces, le pregunté si estaba bien que fuera a dar algunos presupuestos y tratar de hacer algunos trabajos y como estaba bajo tratamiento me autorizó para que lo hiciera. Presenté cinco presupuestos y allí descubrí que realmente era mejor en el trato con la gente que en la construcción. Pude conectarme con ellos, entender lo que querían hacer y les gustó. ¡Conseguí los cinco trabajos!

Un par de días después, mi tío se sentía mejor. Le conté que había hecho cinco presupuestos, los había entregado y habían sido aprobados. Dio un salto y me pregunto: ¿Qué fuiste a hacer para conseguir esos presupuestos? Le dije que él había dicho que estaba bien. "¡Pero yo estaba enfermo!" exclamó. Después de un momento me preguntó: "¿Cómo lograste los cinco contratos? Yo, generalmente, consigo uno o dos de cada cinco".

Aquí fue donde aprendí cuál era mi fortaleza. Era mucho mejor para los presupuestos y las ventas que para la construcción (lo cual tenía sentido, ya que en una parte del comienzo de mi carrera, ¡yo era un vendedor de drogas!). A partir de allí, comencé a enfocarme en lo que sabía que era mi fuerte.

Mi estilo de vida trabajando en construcción y vendiendo drogas duró hasta mis veintitantos años, cuando conocí una chica. Esa chica, Janet, cambio mi vida completamente, lo que suena cliché, pero no lo es absolutamente. Nos conocimos cuando su mejor amiga se casó con uno de mis tíos.

Una bonita historia hubiera sido que la chica buena conociera al muchacho malo y lo hubiera reformado, pero no fue así como comenzamos nuestra relación. Conocí a Janet porque ¡solía venderle drogas a ella!

Ten cuidado con lo que pides

Es asombroso lo que puede cambiar en nuestros corazones cuando estamos enamorados. Si bien no recomendamos salir con su proveedor de drogas, eso fue lo que hizo Janet. Ella era una cristiana reincidente que siempre hablaba de enderezar su vida. Que algún día iba a escribir un libro, *Yo Llevé A Mi Vendedor de Drogas a La Iglesia*, ¡pero esa no es toda la historia, porque también se casó conmigo! Ambos debíamos enderezar nuestras vidas; ella lo reconocía, mientras que yo no conocía nada diferente.

Un día, Janet me invitó a ir con ella a la iglesia. Estaba completamente enamorado, así que acepté. Inmediatamente después del servicio, me arrastró hacia el frente de la iglesia, y una pequeña mujer allí me dijo: "Diga esta oración y repita después de mí".

Oré: "Señor, ven a mi vida. Elimina las cosas que quieres fuera de mí y coloca en mí las cosas que tú quieres, en el nombre de Jesús".

Esa simple oración cambió mi vida

¡También lo hizo la redada de drogas que hicieron en mi casa al día siguiente! No me estaban buscando a mí; estaban buscando a mi tío. Dios respondió a mi oración, pero lo hizo muy a Su manera.

Esa noche en la cárcel, clamé a Dios. Yo no sabía cómo orar. Solo derramé mi corazón en Su presencia. Y le pregunté: "Dios, ¿cómo pudo haber pasado esto? ¿Cómo pudiste hacer esto? ¡Yo acabo de orar y entregarte mi vida!". Ahora, siempre le digo a la gente –¡Ten cuidado con lo que pides! Algunas veces, Dios contesta nuestras peticiones en maneras muy distintas a las que esperamos.

Nunca había ido a la iglesia, aparte del día anterior, y nunca había sentido a Dios o Su Presencia. Pero esa noche, me habló: "Yo hice esto por ti. Tengo un nuevo plan para tu vida".

Eso fue el 1ro de junio de 1992, y mi vida nunca volvió a ser la misma.

Dios estaba recompensando mi vida

Lo más loco es que lo que hago ahora no es nada diferente a lo que hacía cuando traficaba con drogas —compraba algo grande, lo dividía en porciones, y lo vendía por más de lo que me costaba. Son los mismos principios, y bromeo diciendo que los aprendí al vender mariguana.

No tenía idea, pero años antes de conocer a Jesús, Dios estaba ya preparando mi vida. Él estaba ya comenzado a cambiarla, usando todo por lo que había pasado para llevarme a Él y enseñarme cómo trabaja.

Janet vio un potencial en mí, el mismo que vio Dios. Cualquiera que sea tu historia, Él lo ve en ti también. Ya seas un empresario establecido o que apenas estés comenzando, seas joven o viejo, tengas éxito o dificultades, Dios ve un futuro brillante para ti. De hecho, Él quiere decirte esto: *"Porque yo sé los pensamientos que tengo acerca de vosotros, dice Jehová, pensamientos de paz, y no de mal, para daros el fin que esperáis"* (Jeremías 29:11 RVR).

En este libro, voy a compartir partes de Su plan para mi vida, que creo son prácticas, aplicables, y útiles para cualquiera, en la vida y en los negocios. No son fórmulas mágicas para un crecimiento explosivo o formas de forzar a Dios para que te dé lo que quieres. Son conceptos transformadores que me revolucionaron personalmente y a mi compañía, *Mike Rovner Construction*.

Pero antes de comenzar con los pensamientos y prácticas específicos que me ayudaron tanto, necesitamos construir una base sólida. Un edificio es tan seguro como los cimientos sobre los que está construido.

La fundación de tu vida y negocio debe estar en conocer a Dios. No quiero decir el conocimiento de hechos acerca de Él. Me refiero a conocerlo personalmente. Cuando construimos sobre bases sólidas de una relación con Dios, los materiales específicos que Él usa para construir nuestras vidas pueden cambiar, pero Él nunca cambia. Te voy a dar mis claves —los materiales que El usó para construir mi vida y mi negocio, pero la manera en que Él aplique estos principios en tu vida será única para ti.

¿Cómo, entonces, llegamos a conocer a Dios?

En resumen, la clave para construir una base inquebrantable comienza con la oración.

Aprender a orar

¿Qué es exactamente orar? Algunos piensan que es decir palabras elegantes y usar el español de Cervantes, pero realmente orar es hablar con Dios. No tiene que ser elegante y no tiene que sonar de una manera particular. Todo lo que la oración debe desempeñar es hablar con Dios.

Como cristiano joven que era, comencé a aprender a orar con mi primer pastor. Era excelente orando en voz alta. ¡Recuerdo escucharlo y quedar asombrado de que pudiera hacer eso! ... y luego me pidió que orara. Tenía miedo de orar en voz alta, pero me daba vergüenza no hacerlo, ya que él me lo había pedido. Comencé, entonces, a orar en voz alta tratando de hacerlo de la misma forma que él lo hacía. Aquel fue el comienzo de un hábito nuevo de vida: orar en voz alta.

Mi pastor siempre terminaba sus oraciones diciendo: "en el nombre de Jesús", ya que Él nos concedió el derecho de invocar Su nombre. Recuerdo que siempre daba gracias a Dios antes de comenzar a orar. Ahora entiendo cuán importante es esto, y él me ayudó a crear este hábito en mis inicios.

Jesús nos sirve como ejemplo. Cuando oraba siempre le daba gracias a Dios antes de solicitar algo. Como un cristiano joven, comencé a emular a mi pastor, dando gracias antes de empezar a orar. Me animó a orar de manera específica por lo que necesitaba pedirle a Dios. Este es un principio muy poderoso para los negocios sobrenaturales y prodigiosos. Debes pedirle a Dios lo que realmente quieres que haga, y después cree que Él contesta tu oración.

La mejor manera de aprender a orar es muy simple: *practicar*. Aprender a orar no sucede por si solo; aprendes a través de la práctica. Suceden cosas asombrosas cuando oras por tu negocio y por los que están alrededor de ti.

Siento que Dios me llamó para equipar, proporcionar recursos y añadir valor a las personas de la fuerza laboral para que puedan llevar su fe de manera efectiva a su vida cotidiana y a sus negocios. Lo llamamos un ministerio empresarial, y su objetivo es construir la fe y la visión en la gente de negocios, alentando a hombres y mujeres hacia el verdadero éxito y la prosperidad bíblica, que es para construir el Reino de Dios. Los Negocios Sobrenaturales hacen énfasis en el carácter, la devoción y la estabilidad de las familias para entrenar personas que representen apropiadamente a Jesús y que oren por las personas en su ámbito de influencia.

Hemos visto resultados poderosos cuando la gente ora por sus negocios en voz alta, diciéndolo específica y exactamente y que están creyendo que Dios lo hará. Entonces, ¿qué le estás pidiendo a Dios que haga en tu negocio?

¿Qué es un negocio sobrenatural?

Antes de continuar, quiero dejar algo muy claro: en los negocios, he operado en lo natural, y he operado en lo sobrenatural. (La venta de drogas, obviamente, cae en la categoría "natural".

¡Te aseguro que lo sobrenatural es mejor! Es una buena manera de vivir y la mejor manera de manejar tu negocio. Dios me estuvo preparando para los negocios desde temprana edad cuando le entregué mi vida. Él comenzó a cambiarme de una forma natural de hacer negocios a una sobrenatural que le sirve a Él y a los demás. Fue solo después de tener una base sólida en Él, con la entrega de mi vida a Él para hacer su voluntad, que comenzó a hacer crecer mi negocio de manera prodigiosa.

Cuando utilizo el término "negocio sobrenatural", mucha gente no sabe lo que quiero decir al principio. Para ellos, suena como un galimatías; después de todo, no podemos mezclar la presencia sobrenatural de Dios con las crudas y sucias verdades del mundo empresarial secular. ¿Verdad?

¡Nada más lejos de la verdad!

Cuando manejas tu negocio en la manera natural, tienes que trabajar con todo tu esfuerzo y desde todos los ángulos posibles para obtener ganancias. Tienes que trabajar más duro, por más tiempo y de forma más ingeniosa que todos los demás para poder ser reconocido y avanzar. En la manera natural, todo depende de ti.

No obstante, en los negocios sobrenaturales, dependes de Dios. No es que no trabajes duro; es que no dependerá de ti ni de tus habilidades para tu éxito final. Dependerá de Dios. Mientras oramos, a menudo Dios nos muestra o nos dice qué hacer. Y cuando le das tu negocio a Dios, te conectas a Su economía, que nunca tiene recesiones, nunca está en rojo y siempre da vida.

El negocio sobrenatural depende de la oración

Hace algunos años, vinieron unas personas a mí oficina y me ofrecieron orar por mi negocio. Pensé que eso sonaba genial, así que los invité a entrar. Después de que oraron, uno de ellos me dijo: "Dios quiere hacer algo sobrenatural en su negocio, pero para hacer eso necesita conseguir un equipo de oración que lo impulse hacia las cosas que Dios quiere que haga".

Aquellas palabras permanecieron en mi mente durante varios días, lo que he llegado a reconocer como una señal cuando algo me dice que es Dios tratando de comunicarse conmigo. Realmente resonaban dentro de mí y seguía escuchando esas palabras una y otra vez en mi mente, especialmente, en momentos de quietud, cuando conducía con la radio apagada o cuando me preparaba para orar.

Deseaba que Dios hiciera algo sobrenatural en mi negocio, y comencé a entender que lo sobrenatural está ligado a la oración. El único problema era que, seguido *decimos* que oramos, pero con mucha frecuencia, no hemos aprendido a depender verdaderamente de Dios a través de la oración.

Atestigüé esto personalmente cuando fui en un viaje misionero a la República Dominicana donde rápidamente aprendí la diferencia entre las oraciones del primer mundo y las del tercer mundo. Las oraciones del primer mundo son algo parecido a esto: "Ayúdame a conseguir un estacionamiento en el centro comercial" o, "permíteme lograr este negocio", o "ayúdame con estos contratos".

En República Dominicana, las oraciones son así: "Señor, por favor, provee suficientes alimentos para hoy", porque sin Dios pasarían hambre. O, "Señor, por favor sana a mi hija", porque no hay un doctor en el pueblo y, además, no tendrían con que pagar si hubiera uno cerca.

En mi viaje como misionero, encontré a un grupo de personas donde había unos oradores de lo más impresionante que hubiera conocido.

No tenían trabajo, y de inmediato sentí un vínculo especial con ellos, yo necesitaba gente que orara por mí, y ellos necesitaban ingresos. Yo sabía que podía proveerles, debido a la diferencia en el costo de vida. De hecho, contraté a un equipo de oración de tiempo completo.

Ahora bien, antes de correr a un país del tercer mundo y quieras contratar a un equipo de oración, entiende que ese era el camino que Dios tenía para mí. No es para todo el mundo; de hecho, es poco común y algo inusual. Pero fue una de las maneras en que Dios ayudó a traer personas con mentalidad sobrenatural a las actividades diarias de mi negocio. También tengo en mi país personas que oran, pues creo firmemente en el poder de la oración.

Recuerdo que, en 2009, la economía colapsó y había muy poco trabajo. Hubo un trabajo disponible para nosotros en la remodelación de un condominio de muchas plantas, y concursamos con vigor para el proyecto. Envié a nuestro equipo de oración, una solicitud pidiéndoles que oraran para que pudiéramos obtener ese contrato. Pues bien, el dueño del edificio me llamó y me dijo que habíamos quedado en segundo lugar en la licitación y que pensaban dar el contrato a otra compañía.

Cuando la gente de nuestro equipo de oración preguntó cómo marchaba el asunto les dije que parecía que no íbamos a obtener el contrato. Y me respondieron, "Nosotros aún creemos que vas a obtenerlo".

Paseaba a mi perro y oraba. Señor ¿cómo vamos a conseguir ese contrato si ya decidieron dárselo a otro? De verdad sentí como que Dios quería que llevara al representante del dueño del edificio a uno de nuestros sitios de trabajos. De inmediato tomé el teléfono, lo llamé y lo invité a que visitara uno de ellos. De hecho, no puedo creer lo que dije, pero fue lo siguiente: "De verdad le insisto a que venga y le eche un vistazo a uno de nuestros trabajos antes de tomar una decisión.

Fácilmente hubiera podido decir que no, pero un tanto para mi sorpresa aceptó ir y observar uno de nuestros sitios. Me dijo que estaría cerca el martes, y arreglamos para que fuera a verlo ese día. Llamé y pedí a mis empleados que tuvieran limpio el lugar para la visita el martes.

Pero en vez de ir el martes, ¡de hecho, lo visitó el lunes! No habíamos tenido tiempo para limpiar y tener todo listo, pero el representante del propietario me llamó al día siguiente y me dijo que quería que nos reuniéramos.

Cuando nos reunimos, me dijo: "Nunca había estado en un sitio tan organizado y bien manejado, donde los supervisores supieron contestar a cada una de mis preguntas". Estaba impresionado. Cambió de idea y decidió otorgarnos el contrato. Fue uno de los más grandes proyectos que habíamos hecho hasta ese momento y terminó sosteniendo nuestra compañía a través del colapso de la economía.

Entiende esto: Tener un negocio sobrenatural comienza con oración personal y en grupo. Puedes comenzar solo pidiendo a tus amigos y familia que oren por ti y por tu negocio. La clave no es la geografía, es la pasión (Ver Santiago 5:16.)

En Mateo 18:19-20, Jesús nos promete esto: "Cuando dos de ustedes en la tierra se ponen de acuerdo sobre cualquier cosa que pidan, les será concedida por mi Padre que está en el cielo. Porque donde dos o tres se reúnen en mi nombre, allí estoy yo en medio de ellos". ¡Esa es una promesa convincente!

El Señor comenzó a demostrarme eso. Después de cerca de diez años de trabajar con mi equipo de oración y con otras personas en la República Dominicana, se me ocurrió mirar los correos electrónicos con solicitudes de oración y los correos electrónicos que había enviado cuando Dios contestó esas oraciones. Debido a que soy uno de esos individuos que mantienen diez millones de correos en el buzón, los busqué por referencia… Me sentí completamente humilde y asombrado por todo lo que Dios había hecho.

He enviado cientos de correos electrónicos con peticiones de oración, y no hubo una sola que el Señor no hubiera contestado con algo sobrenatural o milagroso. Dios contesto cada una de esas oraciones, no siempre de la manera que quería o pensaba, pero las contestó en Su tiempo y a Su manera.

Nadie me puede decir que Dios no contesta nuestras oraciones; lo he visto hacerlo muchas veces.

Así, para aquellos que todavía no están convencidos de que Dios contesta las oraciones y hace milagros, me hacen pensar: ¿Estás pidiendo? ¿Qué estás pidiendo? ¿Cuáles son tus motivos? Y si estás pidiendo y tienes los motivos correctos ¿sabes cómo pedir? Estas son algunas de las cuestiones que Dios trajo a mi vida (Lee Santiago 4:1-10).

Yo sé que Dios contesta las oraciones; estoy absolutamente convencido de Su amor y Su poder. Lo he visto en el trabajo en mi propia vida cuando se ha movido a través de mí en formas en las que no puedo tomar el crédito.

Si quieres que responda a tus oraciones y lo imposible se haga realidad, solo hay una cosa por hacer: Pasa más tiempo con Jesús en oración.

Pasar tiempo con Jesús te hace parecer inteligente

Es importante tener en cuenta que conseguimos personas para orar con nosotros, no en lugar de nosotros. Sus oraciones no sustituyen las nuestras. Nadie puede emplear tiempo con Jesús por ti, porque lo que buscamos no son resultados. Es una relación.

Un poderoso predicador me dijo que pasaba treinta horas en preparación cada vez antes de predicar. Yo quería mejorar mi forma de hablar, así que decidí emularlo, pero no solo por mis oportunidades para hablar, mis intentos de predicar necesitaban toda la ayuda que pudiera obtener. Empecé a dedicar el mismo tiempo para el compromiso de orar, leer la Biblia y orar ... por mi negocio.

No hay nada que pueda sustituir el tiempo que se pasa con Jesús. Comencé a observar que cuanto más tiempo pasaba con Él, más prosperaba mi negocio. Cuando dediqué mi tiempo a Él, comencé a firmar los contratos más importantes que tuvo mi compañía. Creo que fue el resultado de tomar los atributos de Dios, como la sabiduría, que estaba aprendiendo en el tiempo que pasaba con Él.

A través de estos prolongados momentos con Jesús, el Señor comenzó a manejar conmigo tópicos como la integridad, la humildad, el servicio, la valentía, la perseverancia, el honor, la unidad, la sabiduría, la obediencia, y más (que trataremos en este libro). Él resolvió problemas tremendos en mi negocio, cosas que yo pensaba que eran imposibles, y lo hacía con frecuencia dándome la idea, entendimiento, y sabiduría para tomar decisiones estratégicas y éticas. Podía oír información y saber si era cierta o falsa, y no había explicación de cómo yo tenía este entendimiento que no fuera Dios.

Cuando pasas tiempo con Jesús, te hace verte inteligente.

Recuerdo una ocasión en que negociaba con un importante promotor inmobiliario —muy inteligente y con mucha experiencia. Iba a instalarle ventanas, y me dijo: "Voy a darle el contrato si lo hace por $675,000". Yo le había cotizado por $750,000, lo cual era una gran diferencia.

Necesitaba ese contrato, pero no me sentía cómodo con esa clase de descuento. Había orado antes de esa reunión, y ahora sentía a Dios dentro de mí diciéndome que a este hombre no le preocupaba el precio, solo la calidad.

Le dije a este desarrollador: "Me voy a asegurar de que ninguna ventana en este edificio presente filtraciones. Garantizado. Todo lo que pido es el pago de $750,000".

"¿Usted me garantiza que no tendrán filtraciones?" me preguntó. (Hasta ese momento, yo no sabía que el último contratista que había puesto las ventanas había hecho un mal trabajo y todas presentaban filtraciones). Entonces me dijo: "¡Le pagaré el valor que me pide con su garantía de que no habrá filtraciones!"

Lo hice, estrechamos nuestras manos, e hicimos un excelente trabajo en sus apartamentos. Me aseguré de que las ventanas no presentaran filtraciones.

La gente empezó a creer que yo era un experto negociante, pero no era yo, fue que empecé a pasar más tiempo con Jesús. En Hechos 4:13, Pedro y Juan hicieron que la gente notara que habían estado con Jesús.

Pablo le dice a Timoteo: *"Pues, aunque el ejercicio físico trae algún provecho, la piedad es útil para todo, ya que incluye promesa no solo para la vida presente, sino también para la venidera"*. (1 Timoteo 4:8). El tiempo que pasamos con Dios nunca es tiempo perdido y nunca pasa de moda. Cuando pasas tiempo con Dios, estás invirtiendo sabiamente para una retribución sobrenatural. La oración te conecta con Dios, y cuando te unes con Dios en lo sobrenatural, puedes traerlo a lo natural y cambiar tu entorno.

Doble doble

Cuando Janet y yo nacimos de nuevo, comenzamos a buscar una iglesia local. Nos tomábamos de las manos y orábamos para que Dios nos enviara a la iglesia que tenía destinada para nosotros. Visitamos algunas de ellas hasta que en agosto del 1992 encontramos la iglesia *New Beginnings Christian Fellowship* en Simi Valley, California. De inmediato, sentimos que estábamos en el lugar correcto y en el momento oportuno. El enfoque de *New Beginnings* estaba puesto en nuevos cristianos, lo cual era perfecto para mí porque no pasaba mucho tiempo en la iglesia. Ellos ponen todo en los términos más simples posibles y de esas enseñanzas fundamentales de la Biblia, aprendimos a poner en práctica el lunes en nuestros trabajos lo que nos habían enseñado el domingo.

NEGOCIO SOBRENATURAL

Janet y yo estábamos completamente comprometidos, no solo con las verdades que aprendíamos de la Biblia, sino también con la iglesia y los pastores allí. Como nuevo cristiano apenas aprendiendo a entender como habla el Señor, Su voz era inaudible; fue una impresión que experimentamos en nuestros corazones. Sentí que Dios me instó a respaldar a nuestro pastor en varias ocasiones y a seguir lo que Dios nos estaba enseñando en nuestra iglesia local. Esto jugó una parte importante y significativa para nosotros dar un paso hacia el negocio sobrenatural, y fue ahí que Dios comenzó a bendecirnos verdaderamente.

En 1994, un gran terremoto sacudió nuestra parte del sur de California. En nuestra iglesia, la oficina del pastor sufrió daños, y sentí que debía ayudar. Mi esposa y yo creemos en el principio Bíblico de devolver el 10% de nuestros ingresos al Señor, lo que se conoce en la iglesia como diezmo. Esa fue la primera vez que dimos más del 10%. Se sintió increíble poder retribuir a quienes nos estaban ayudando a saber quién era Dios y el valor de la iglesia local.

Pero algo extraño ocurrió después. Ese mismo año, mi negocio comenzó a crecer, y para el año siguiente, ¡el tamaño de mi compañía se había duplicado!

Dos años más tarde, decidieron remodelar la iglesia. De nuevo sentimos que debíamos ayudar, lo cual hicimos con nuestro propio dinero. Pusimos las placas de yeso en la parte de afuera y pintamos toda la iglesia. ¡Estaba contentísimo! ¡Dios nos dio otra oportunidad de dar!

¿Sabes lo que sucedió el año siguiente? ¡Mi negocio se duplicó nuevamente!

Pocos años más tarde, la iglesia compró un edificio adicional, y ayudé de nuevo. Lo remodelé, ¡ahorrando a la iglesia $100,000!

¿Qué te imaginas? ¡Mi negocio se duplicó de nuevo!

Unos años más tarde, se quería construir un nuevo edificio para la iglesia, algo que yo nunca había hecho; sin embargo, pensé que podíamos hacerlo. Fue difícil, pero pudimos ahorrar $750,000 a la iglesia.

¿Puedes imaginar lo que pasó? ¡Ese año mi negocio se triplicó!

Este tipo de cosa sigue sucediendo. Continuamos teniendo más oportunidades de hacer las cosas a la manera de Dios y mientras lo hacíamos, Él nos bendecía una y otra vez. Dios estaba trabajando en mí en toda clase de categorías, comenzando por la integridad, y progresivamente empezó a confiarme más y más responsabilidades e influencia.

Ya te platiqué acerca de la reunión que tuve con Matthew y Tommy Barnett donde le ahorramos al *"Dream Center"* ¡veintiún millones de dólares! Ese año, mi negocio se duplicó nuevamente.

En 2 Crónicas capítulo 1, Dios le dice a Salomón que le pida cualquier cosa, y Salomón le dice: "Dame sabiduría para guiar a Tu pueblo". Lo primero que hace Salomón luego de que Dios le da sabiduría es construir el templo, lo cual vemos en el capítulo 2 del mismo libro.

En Lucas capítulo 5, Pedro el pescador, habiendo intentado pescar toda la noche, no había pescado nada. Jesús le dice dónde están los peces, y él vuelve a salir. Luego de haber estado pescando toda la noche sin atrapar nada, Pedro tuvo la pesca más grande de su vida. ¡Su pesca fue tan grande que llenó las redes al punto de romperse y llenó las redes de sus compañeros hasta que sus barcas estaban a punto de hundirse!

En la primera parte del capítulo 5 del libro de Lucas, encontramos la razón por la que Jesús hizo eso por Pedro. Jesús estaba predicando y la gente se arremolinaba a su alrededor. Entró en la barca de Pedro y le preguntó si podía predicar desde su barca. Pedro dejó que Jesús usara su barca para predicar y luego Jesús le dio la pesca más grande de su vida. Fue tan grande que también llenó las barcas de sus compañeros.

En el libro de Lucas capítulo 7, Jesús sana al sirviente de un centurión romano. Me pregunté por qué Jesús hizo eso por un centurión romano cuando los judíos típicamente no interactuaban con los romanos. ¿Por qué razón Jesús dejó lo que estaba haciendo por un soldado romano? Cuando los líderes judíos le pidieron a Jesús que sanara al sirviente del centurión romano, le dijeron que él era un hombre bueno que había construido la Sinagoga. Al escuchar esto, Jesús se detuvo y sanó al sirviente del centurión romano.

En todas las ocasiones en las cuales dimos con sacrificio, Dios nos bendijo tanto que pudimos dar a nuestra iglesia, o para construir una organización de la iglesia, o un ministerio. Creemos que es la manera en la cual servimos a la iglesia y ayudamos al crecimiento que era parte del plan de Dios para nosotros y para la iglesia.

Dios estaba proveyendo mucho más de lo que pudiera pedir o imaginar. Cuando pasamos tiempo con Dios, nos vamos pareciendo más a Él.

Si quieres que tu negocio sea un negocio sobrenatural, es vital que pases tiempo con Jesús y comiences a hacer las cosas a Su manera. No hay sustituto para eso, y ¡no hay nada como eso!

Unos cuantos años después de que mi negocio se triplicara, la iglesia en la República Dominicana estaba expandiéndose, y Janet y yo sentimos que Dios nos estaba instando a comprarles un edificio. Pensamos en conseguir algunos donantes y comprarlo como un esfuerzo de grupo, pero solo una persona dio alrededor de $10,000 y eso fue todo. Janet y yo todavía sentíamos que Dios nos estaba instando a comprar el edificio, así que tuvimos que hipotecar propiedades para comprarlo. Pero nosotros respondimos y lo hicimos.

Hoy día, diez iglesias han surgido de eso, y ¡nuestra iglesia es la más grande en el área! ¡Hemos calculado que nuestra iglesia ha influenciado la vida de los creyentes a través de toda la República Dominicana, de alguna forma!

No comparto ninguna de estas cosas para jactarme —las bendiciones que hemos recibido no son el resultado de algo por lo cual podamos atribuirnos algún mérito. Pero cuando hicimos lo que Dios nos mostró, Él tuvo la oportunidad para bendecirnos —y a muchos otros más. Nos bendijo para que, a nuestra vez, ayudáramos a otros.

Al año siguiente después de haber ayudado a la iglesia en la República Dominicana, mi negocio se duplicó de nuevo. ¡Y no me hizo falta el dinero que usamos para responder a las instrucciones de Dios y comprar la iglesia!

Durante los altibajos de la economía, buenas y malas situaciones, Dios permitió que mi negocio floreciera. No es el resultado de mis habilidades empresariales superiores, capacidad de negociación, contratación inteligente o destreza de liderazgo. Todo esto es porque decidimos que los principios naturales no iban a gobernar nuestro negocio, sino los sobrenaturales.

Yo creo que hay promesas en la Biblia y principios que Dios nos ha enseñado por alguna razón —porque proporcionan la oportunidad para bendecirnos. Cuando aplicamos estas cosas a los cambios personales en la vida, Dios nos bendice con una vida sobrenatural abundante. Cuando las aplicamos a nuestros negocios, estamos invitando a Dios a que haga de nuestra compañía un negocio sobrenatural, del cual el mérito es de Él, y tanto nosotros como otros recibimos las bendiciones.

Vamos a estar observando ciertos principios y claves que Dios me ha enseñado, pero permíteme enfatizar que en el negocio sobrenatural no se trata solamente de hacer las cosas de manera apropiada. Se trata de conocer a la Persona correcta: a Dios.

Nos es suficiente sólo conocer sobre Él y Sus caminos. Leyendo, puedes llegar a "conocer" a alguien, pero realmente no vas a conocer a esa persona hasta que pases un tiempo con ella. Nosotros queremos conocer a Dios personalmente, porque cuando lo hacemos, no podemos evitar transformarnos cuando pasamos tiempo con Él.

Y cuando comenzamos a conocerlo mejor, nos transformamos de empresarios naturales a empresarios sobrenaturales. Ahora es el mejor momento para involucrar a Dios en tu negocio; es hora de que se convierta en un negocio sobrenatural.

¡Prepárate para la mayor aventura de tu vida!

CAPÍTULO 2:

Alguien siempre está observando

No quiero asustarte, pero alguien siempre nos está observando.

No me refiero a una serie de televisión acerca del Hermano Mayor (Big Brother) siempre preocupado por ser descubierto, como en una película de espionaje. Me refiero a la gente que está a tu alrededor. Te des cuenta o no, la gente que está a tu alrededor —cristianos o no— siempre están observando a los que se dicen ser cristianos. Algunas veces solo por curiosidad y otras porque son personas amargadas y quieren verte caer, y a menudo se preguntan cómo vamos a manejar las situaciones difíciles que se presenten.

Mike Rovner Construction, en una ocasión, perdió a un maravilloso miembro de su equipo que había trabajado con nosotros por años, y podría decir que todos estaban observando cuidadosamente mi reacción ante su renuncia por un par de razones. La primera era que nos habíamos dado cuenta de que otro empleado clave iba a estar muy pronto en una prolongada ausencia y la última vez que se fue, dejó la compañía en una situación de peligro. Yo creía que todo estaba bien, pero luego, este otro miembro del equipo entró a mi oficina y me dijo que estaban renunciando, y mencionó las circunstancias difíciles en torno a su situación.

La segunda razón por la cual sabía que todos me estaban observando era el momento. Estos empleados acababan de recibir sus bonos y también habían utilizado el fondo ejecutivo, (una bonificación que doy a mis ejecutivos para ser utilizada a lo largo del año) en solo tres meses.

Podía sentir las miradas de todo el personal esperando cómo iba a manejar la situación. Era menos que ideal, en realidad, este era precisamente el tipo de riesgo que queríamos evitar. Ahora estaríamos sin ninguno de los dos.

Digamos solamente que estaba enojado cuando me enteré. Estaba un poco enojado, ya que no fue verdaderamente una sorpresa; este empleado probablemente sabía que se avecinaban problemas, y si hubiera dicho algo, hubiéramos podido tomar las medidas adecuadas. También tuve la impresión de que se había aprovechado de mí; esperó a recibir sus bonos, y gastó en tres meses lo que debía usar en un año.

Pero entonces, Dios comenzó a cambiar mi manera de pensar sobre este asunto. ¿Cuánto tiempo había trabajado duramente para la compañía? Había entregado muchos años de su vida para MRC. Su vida estaba en un colapso. Este empleado leal, digno de confianza, quien vigilaba los gastos de todos como un halcón, estaba, posiblemente, herido y no pensaba con claridad.

¿Eran mis empleados tan solo un activo para mí? ¿Solo los valoraba cuando me ayudaban a ganar dinero y manejar mi empresa? o ¿reconocía su valor, aun cuando no estuvieran contribuyendo a mis ganancias?

Sentí que Dios me estaba recordando que yo había creado una reputación de dar a la gente una oportunidad de enmendarse. Después de todo, eso fue lo que Él hizo conmigo, un exdrogadicto y narcotraficante. Me recordó que me había pedido ser generoso —de verdad, muy generoso —y esto fue entre Él y yo, no entre mi empleado y yo.

Dios me había elevado a una alta posición de responsabilidad y autoridad, y no era para para "azotar" a la gente cuando cometieran errores. Eso no fue lo que Él hizo conmigo, entonces yo tampoco debía hacerlo.

Me di cuenta de que, si este valioso miembro del equipo hubiera llegado ante mí en circunstancias diferentes y me hubiera contado sus problemas, lo hubiera despachado con mucho amor y gratitud – y probablemente, con un buen cheque. Por tanto, cuando nos sentamos a hablar sobre su salida, y me dijo que no había sido su intención poner esos dineros en su cuenta, decidí no solamente ignorar esos cobros de más, sino también enviarlo a casa con un cheque de cinco mil dólares extra. Quería agradecerle y bendecirlo. No quería manejar esta situación como un hombre de negocios que sólo entiende el orden natural del negocio.

Dios quería que yo manejara esa situación como si fuera algo sobrenatural.

Cuando le entregué el cheque y le dije cuanto lo apreciaba, rompió en llanto. Eso no era lo que esperaba. En lo natural, había hecho las cosas difíciles de manejar para la empresa. En lo natural, había gastado más dinero de lo que debía y lo sabía. En lo natural, como su jefe, debí haber estado disgustado.

Pero en lo *sobrenatural*, fue una oportunidad para mostrarle que lo valioso de él fue mucho más que la contribución con su trabajo en la compañía.

Somos amados por quiénes somos, no por lo que hacemos

Yo sabía que las miradas de todos en la oficina estaban puestas en mi progreso de estar muy enojado a desear bendecir a mi empleado. Vieron como asimilé el golpe, y posiblemente, se dieron cuenta cómo afectaría el ambiente en la empresa. Dios me guió a través de esa manifestación hacia un ambiente diferente en MRC, la cual en vez de valorar a nuestros empleados por lo que hacen, se trataba de amarlos por lo que son. Me hubiera gustado decir que creé esa cultura que se daba de manera natural, pero en realidad fue Dios quien la creó en MRC, la cual tuve que asumir como cualquier otro.

Te garantizo que en este instante los ojos de los que trabajan en tu empresa están puestos en ti. Están observando qué manejo das a los problemas inesperados y complicados. Observan como gastas tu dinero, y el de la compañía. Se fijan como tratas a tu esposa y a tu familia, y sienten curiosidad de saber si eres la misma persona cuando no está trabajando, o como afirmas ser los domingos en la mañana.

Te cuento esta historia porque una definición sencilla de integridad que puede que hayas oído es esta: Integridad es ser la misma persona tanto en privado como en público. *La integridad es como te comportas, cuando crees que nadie te está viendo.*

Lo que sucede es que, lo sepas o no, *siempre te están observando*. Y si estás solo y nadie te está mirando, Dios te ve. Él no te juzga, sino que te anima y te insta a elegir vida (Ve a Deuteronomio 30:19).

No puedo pensar en un concepto más importante y que produzca más cambios en un cristiano que vivir en integridad.

Comienza y termina con integridad

El manejar el negocio de manera sobrenatural no sucede de un día para otro. Tú no solo lees un libro, absorbes algunos principios fundamentales y chasqueas los dedos. Dios me enseñó sobre la integridad en el transcurso de muchos años; en realidad, décadas, y aunque desearía acortar tu aprendizaje, no puedo hacerlo, pues no está a mi alcance darte la clave de lo vital que es la integridad y esperar que ella transforme tu vida.

Solamente Dios cambia las vidas de las personas, y para mí, todo comienza con la integridad. Ahora, la integridad influye en todo lo que hago, no porque me haya esforzado para alcanzarla, sino que ha sido consecuencia de la masa que Dios horneó con los malos ingredientes de mi vida pasada.

La integridad fue el primer principio fundamental para un negocio sobrenatural que Dios comenzó a enseñarme cuando estaba haciendo paredes con paneles de yeso por quinientos dólares. Le dije: "Señor, prometo que te daré todo el reconocimiento. Te daré todo el honor. Será para Ti la adoración en mi compañía". Aquella fue mi genuina oración en los comienzos de 1990, cuando Dios me estaba guiando para aprender a vivir, cómo manejar mi empresa y enseñándome lo que debía hacer para triunfar.

Aléjate de la línea

Cuando Dios comenzó a enseñarme sobre la integridad, empecé a notar que mucha gente vive y hace negocios vacilando entre lo legal y lo ilegal, de lo que pueden o no aprovecharse. Si son especialmente "buenos", pueden cuestionarse que es ético o antiético, y pueden tratar de mantenerse principalmente en el lado derecho de esa línea.

A principios y mediados de 1990, el Señor comenzó a mostrarme que no quería que estuviera cerca de la línea. No era que quisiera que estuviera al lado derecho de la línea; tampoco quería que me acercara a ella, ni pensar en flirtear con ella.

A veces pensamos que podemos sacarle un poco más de jugo a las ganancias, vacilando entre lo legal y lo ético vs. lo ilegal y sin ética y eso puede aparentar ser correcto. Puedes creer que va a ahorrarte dinero dejando de hacer algunas cosas o utilizando materiales de baja calidad. También puedes creer que vas a ganar más al prometer mucho más y suministrar menos, y así por el estilo. A corto plazo, puede parecer que estás saliendo adelante, y muchos pensaran que seguir esa línea es el secreto para ser un empresario con éxito.

Proverbios 21:6 lo explica de esta manera: *"La fortuna amasada por la lengua embustera se esfuma como la niebla y es mortal como una trampa"*.

Lo que Dios me estaba mostrando era que la línea no era solo una línea, era una cerca eléctrica. La gente trata de balancearse en ella, pero no entienden que, si tocan la cerca, recibirán una terrible sorpresa. Se van a electrocutar, y cuando se quemen, quemaran a la gente (a sus empleados y clientes) y a todos los que estén a su alrededor. Nadie cae en el lado correcto cuando camina sobre la cerca eléctrica; siempre caen al lado equivocado, y si juegan con el desastre el tiempo suficiente, finalmente *siempre* se queman.

Recuerdo que antes de ser cristiano, fui una vez al almacén de suministros de construcción (de hecho, se llamaba Home Base) y me di cuenta de que las bolsas del material para el tratamiento acústico de los techos estaban marcadas con un precio equivocado. El precio debía ser $6 o $7 por cada bolsa, y las habían marcado a $2 por bolsa. No era una oferta especial, era un error.

Les pregunté cuántas bolsas tenían, y me dijeron que tenían doscientas. Yo sabía que había un error en el precio, pero experimenté gusto ante el dinero que podría ahorrar, por tanto, las compré todas. Aún antes de conocer a Dios, algo dentro de mí me hizo sentir que eso no estaba bien. Pero yo quería salir adelante y entonces me aproveché de su error y fui tramposo con el almacén a pesar de la duda que sentía en mi interior.

Cuando ya había usado más o menos la mitad de las bolsas, una humedad se presentó en el garaje donde las tenía almacenadas y dañó las que quedaban. Había economizado $600 comprándolas a un precio erróneo, pero se dañó la mayor parte, por lo cual al final salí perdiendo cientos de dólares. En el momento parecía que había ganado dinero. Pero a la larga, terminé quemado.

Eso es lo que pasa cuando se coquetea con la línea; crees que estás ganando dinero, pero al final tienes que pagar.

Recordé ese acontecimiento de la compra de las bolsas después de que empecé a seguir a Jesús, y Dios me mostró que fue la enseñanza de ese momento sobre la integridad, por medio de la cual, Él obró en mi vida aún antes de conocerlo. Desde entonces, esto me ha servido como lección para siempre. El Señor me estaba enseñando lo que tarde o temprano sucede cuando coqueteamos con la línea, finalmente terminamos quemados.

La confianza es dinero

Dios comenzó a mostrarme que vivir una vida de integridad producía más beneficios que las ganancias de mi negocio. El beneficio más significativo que noté fue que, a diferencia de las personas que se queman y queman a los demás, cuando te mantienes alejado de la línea y vives en integridad, creas confianza significativa y duradera. La confianza es dinero en la vida, y en los negocios.

Crear confianza se lleva toda una vida, y puede destruirse en un instante. En los negocios, la confianza puede hacer la diferencia entre obtener o no, un contrato. Puede ser también la diferencia entre conservar a un cliente o perderlo. Puede significar tener empleados bien entrenados y leales, o perderlos ante la competencia. En la vida, la confianza puede ser la diferencia entre un matrimonio floreciente o uno que se esté muriendo, amistades sólidas o superficiales, relaciones saludables en vez de débiles con tus hijos, que no perduran cuando se van de la casa.

La lista es larga. ¡La confianza es dinero!

Puedes pensar que estás economizando o ganando dinero al tomar un atajo tratando de salirte con la tuya, caminando sobre la línea, pero todas esas piruetas que tienes que hacer para mantenerte en pie te van a desgastar. Y cuando caigas —no es *si* es que caes— sino *cuando* vayas a perder cualquier ganancia que hayas obtenido, y también pierdas la confianza de la gente. Puede ser con un cliente, con los empleados, o tal vez en tu hogar, y cuando la confianza se pierde, se requiere mucho tiempo para recuperarla.

El camino de Dios es diferente. Él llama a Su pueblo a vivir con integridad. El pago es que nunca vas a quemar esa confianza por la que has trabajado arduamente y al final, habrá recompensa.

Haz lo correcto

Ya había mencionado que una definición de integridad es cómo se comporta uno cuando cree que nadie lo está observando. Esta es, quizás, ciertamente la mejor forma de mostrar integridad que definirla.

El diccionario dice que la integridad es un apego inquebrantable a la moral estricta o a las reglas de la ética, lo cual me suena más como a observar normas que al estado del corazón. Recordemos que no estamos hablando estrictamente de principios; estamos hablando de cambios de vida. Miremos entonces lo que significa la integridad con un poco más de profundidad.

La integridad es hacer lo correcto, en el momento correcto, y por la razón correcta. No es sólo por las acciones que tomes; es también acerca de cuándo lo hagas y por qué lo hagas. Y para mí, es por lo que la integridad es importante para Dios, porque es acerca de tu corazón y sus motivos.

No estoy hablando aquí de ganar la aprobación de Dios. Pero ¿A Dios le importa lo que hacemos y por qué lo hacemos? ¿Es Importante nuestra manera de actuar? Pienso que sí. Proverbios 21:3 dice: *"La vida limpia ante Dios y la justicia con nuestros vecinos significan mucho más para Dios que las prácticas religiosas"*. Obviamente, a Dios le agrada cuando hacemos lo correcto, pero nosotros hemos sido hechos rectos por Dios porque Jesús lo hizo, no porque hubiéramos podido hacerlo con nuestras propias fuerzas. (Lee Romanos 3:22).

Dios ama la integridad porque no quiere que seamos robots, simplemente haciendo el bien porque hemos sido programados para eso sin tener otra elección. Yo creo que Dios quiere personas que saben quién es Él, conocen su carácter y lo imitan.

Míralo de esta forma: Dios no quiere esclavos, quiere compañeros.

ALGUIEN SIEMPRE ESTÁ OBSERVANDO

¿Quieres unirte?

Mi buen amigo George comenzó a trabajar en una gran compañía como superintendente de construcción, y en su primer trabajo, el cual se tomaría alrededor de seis semanas, los dueños le dijeron que necesitaban que se hiciera en dos semanas. Él les dijo que no había forma de hacerlo en ese tiempo, pero los dueños insistieron en que lo necesitaban terminado en dos semanas. George formó tres grupos de su personal para trabajar tres turnos de ocho horas y así hacerlo veinticuatro horas al día. Cuando se cumplieron las dos semanas, los dueños fueron a ver cómo iba el trabajo, y no podían creer lo que veían sus ojos, George había hecho lo imposible, y el trabajo estaba terminado.

George trabajó lo indecible para esas personas, y estaba ascendiendo rápidamente. Era un trabajador esforzado y diligente y con el tiempo fue ascendido a gerente de proyectos y, finalmente, a gerente titular de construcción. Puesto que George había trabajado arduamente y hecho el trabajo como si fuera para él, contribuyó de gran manera al éxito de la compañía y la prosperidad de sus dueños.

Un día, los dueños de la compañía llamaron a George a una reunión. Durante la conversación, le preguntaron: "Si estuviéramos en problemas y te pidiéramos que mintieras para ayudarnos, ¿lo harías?"

George tuvo que pensar con muchísimo cuidado su respuesta. Si decía que "si", queriendo aparecer como un empleado sincero que haría lo que fuera por el bienestar de la compañía, podría hacer que fuera mejor valorado. Pero George era una persona íntegra. Si decía que "no", pensó que creerían que no era leal, ni estaba comprometido con la compañía.

Finalmente, George respondió: "Yo trabajaría duro para ayudar a resolver el problema. Haría todo lo que pudiera, pero no mentiría".

"George", le dijeron: "Si hubieras estado dispuesto a mentir por nosotros, te hubiéramos dejado como gerente superior de construcción, ya que eres muy bueno en tu trabajo".

El corazón de George se hundió con esas palabras.

"Pero como no estás dispuesto a mentir por nosotros, queremos ascenderte a socio". Hoy en día, los socios están jubilados y George es el presidente de esta compañía de nueve dígitos, y fue la integridad la que le abrió las puertas.

En la Parábola de los Talentos, el jefe le dice a los primeros dos siervos fieles: *"¡Buen trabajo! Hicieron muy bien su trabajo, desde ahora en adelante serán mis socios"*. (Mateo 25:21).

Dios quiere que vivas sin temor y que uses los talentos que te ha dado. Quiere que confiemos en Él. En los negocios, esto significa que quiere que lo hagamos a su manera, aun cuando parezca que nos puede costar dinero. Cuando lo hacemos, estamos demostrando que confiamos en que su forma funciona. Cuando no lo hacemos, estamos demostrando que vivimos bajo el temor.

Tú puedes pensar que eres un gran pez gordo, pero si no estás viviendo en integridad, en realidad estás vacilando entre la línea porque sientes miedo. Tienes miedo de hacerlo a la manera de Dios, y lo estás haciendo a tu manera. Eso es orgullo. (Hablaremos de esto más adelante).

Proverbios nos dice que hay un camino que parece bueno en el momento, pero al final, lleva al desastre. (Lee Proverbios 14:12). Eso es en los negocios para aquellos que viven en esa línea entre lo correcto y lo incorrecto.

No obstante, en lugar de seguir por nuestro camino, debemos confiar en Dios y no tratar de hacerlo todo por nuestra cuenta. Debemos escuchar Su voz en todo lo que hagamos y a donde quiera que vayamos porque Él es quien nos capacita para vivir con integridad (ver Proverbios 3:5-6).

No es un regalo, es una prueba

Esto puede sorprender a algunas personas, pero Dios no propicia oportunidades para bendecirnos por medio de trampas o errores que perjudiquen a otros. Recuerdo otro momento en *Home Base* antes de ser cristiano: puse unos productos dentro de una cubeta que estaba comprando y cuando coloqué sobre el mostrador de la caja registradora todo lo que iba a comprar —para ahorrar espacio —puse algo dentro de la cubeta. La cajera no se dio cuenta de que había dentro de la cubeta. Después, yo me di cuenta de que, aunque no había sido mi intención robar los productos que estaban dentro de ella, me salieron gratis debido a la falta de cuidado de la cajera (y del hecho de que yo no le avisé acerca de que allí estaban).

La primera vez que esto pasó fue accidental de mi parte. El otro par de veces (recuerda que esto fue antes de ser cristiano), ya no fue mucho un accidente, sino que me estaba aprovechando de la falta de atención del empleado.

Muchas personas dirían que una situación de esas es ambigua. ¿Fue la culpa de ellos por no entrenar bien a sus empleados o fue mía por aprovecharme de una falla de procedimiento? Sin embargo, recuerdo que comencé a sentir malestar en el estómago. Estaba robando, y a pesar de no ser salvo todavía, Dios me llamó la atención por mi proceder, y la conciencia me acusó.

Hoy, Dios me ha llamado para vivir de manera diferente. Ahora, cuando alguien se equivoca en mi beneficio, ya no lo veo como un regalo.

No es un regalo, es una prueba.

Digamos que pagas en efectivo en el almacén y te devuelven mucho más de lo debido. ¿Es un regalo? ¿Qué tal los productos en la cubeta en Home Base? ¿Fueron esos objetos dentro de la cubeta un regalo? ¿O estaba *robando*? Ahora puedo ver que ambas cosas eran robos. Ya no lo veo más como algo ambiguo. Es correcto o incorrecto.

Dios no nos bendice gracias a errores o trampas, aunque sea por accidente. Cuando esas cosas pasan, es una prueba para tu integridad.

Cuando apenas comenzaba en la construcción, y antes de comenzar a ir a la iglesia, recuerdo que un cliente me pagó más de lo debido.

Pensé que era un regalo, y me quedé con el dinero. "Su error, su pérdida" —pensé. Unos años después, cuando ya era cristiano, me pagaron otra vez más de lo debido. ¿Qué crees que hice? ¡Me quedé con el dinero! Pero esta vez, envié una nota diciendo: "Me pagaron una cantidad mayor de lo debido. En la próxima factura, le descontaré el valor del sobrepago". Dios estaba comenzando a trabajar conmigo ¡y, por lo menos, estaba mejorando!

No estoy diciendo que seamos perfectos en este tipo de pruebas (y a propósito, Dios no nos pide perfección). Sin embargo, mi esposa y yo hemos desarrollado una fuerte creencia de que estos errores que se cometen en la vida, y que algunos se toman como bendiciones, en realidad son pruebas de carácter. Ella y yo somos personas muy ocupadas y tenemos que manejar cinco o diez millas en el tráfico de Los Ángeles para arreglar algún asunto, por pequeño que sea. Hoy, si alguien paga más de lo debido a nuestra compañía (lo cual sucede a menudo), hacemos un cheque de rembolso de inmediato por la diferencia, que ahora es, algunas veces, una gran cantidad de dinero.

Quizás pienses: "No vale la pena desperdiciar todo ese tiempo para devolver unos pocos pesos". En cierto sentido, tienes razón. Mi tiempo es valioso, mucho más valioso que una pequeña cantidad de dinero, por un error. Pero hay algo que tiene mucho más valor para mí.

Permíteme preguntarte lo siguiente: ¿Qué valor tiene la integridad para ti? ¿Cuánto pagarías por adquirir reputación, confianza y honestidad? Tu reputación vale mucho en los negocios. Recuerda que la confianza es dinero. Proverbios 22:1 dice: "una mejor reputación es mejor que hacerse rico...".

Por tanto, ¿por cuánto venderías tu integridad? ¿La venderías por miles de pesos? ¿por millones? ¿Cuánto se llevará antes de que hagas lo correcto y te sientas incomodado por el bien de tu integridad?

¿Cómo te sentirías si te dijera que algunos de nosotros estaríamos dispuestos a vender la integridad por unos centavos? La cuestión es que Dios no trabaja con precios por volumen. "No está bien" ni cuando la cantidad es pequeña o cuando es considerable.

Dios comenzó conmigo con cosas pequeñas. Me enseñó a ser fiel en lo poco. Y entonces, paulatinamente, me probó con cosas más grandes. Esto me recuerda un pasaje de la Biblia: Jesús les dice a Sus discípulos: "El que es honrado en lo poco, también lo será en lo mucho (Lucas 16:10). Lo contrario es cierto también. Si eres deshonesto en las cosas pequeñas, serás deshonesto en las grandes".

Creemos que podemos dejar que las cosas pequeñas pasen desapercibidas y cuando "realmente importen" hacer lo que haya que hacer. Pero no nos damos cuenta de que todas las cosas pequeñas anteceden a las importantes.

En este momento, Dios está buscando personas que sean fieles con las riquezas de la tierra, ya que es un entrenamiento para manejar las bendiciones celestiales. Él quiere personas que muestren integridad en las cosas pequeñas para poderles confiar las más significativas.

Unos versículos más adelante de este pasaje, Jesús continúa diciendo: "Ningún sirviente puede servir a dos patrones. Menospreciará a uno y amará al otro, o querrá mucho a uno y despreciará al otro. Ustedes no pueden servir a la vez a Dios y ser esclavos del dinero" (Lucas 16:13).

En la versión de Lucas, en la historia de Jesús sobre los siervos que invirtieron el dinero de su amo, el amo a su regreso le dijo al primero de ellos: ¡*Hiciste bien, buen siervo! Puesto que has sido fiel en tan poca cosa, te doy el gobierno de diez ciudades*" (Lucas 19:17).

De la forma que uses lo que Dios te ha dado —ya sea que inviertas tiempo, energía, dinero, y talento con integridad o no, determinará lo que Él haga a continuación. Te puede dar más responsabilidades importantes y bendiciones… o te puede poner a prueba otra vez.

Deseo enfatizar que estoy muy lejos de ser perfecto —y repito— Dios no busca nuestra perfección, Él busca nuestros corazones. ¿Está tu corazón buscando a Dios? ¡Él quiere que apruebes! Él quiere darte más. Pero no lo hará, hasta que tú estés listo.

Uno comete errores

La verdad, no siempre he hecho bien las cosas. Hace algunos años, una señora hizo los arreglos florales cuando Janet y yo nos casamos. Me dijo que en lugar de pagarle $300, quería que le hiciera un trabajo de paneles de yeso en sus paredes. Pues bien, el problema fue que en medio de todo esto, el hombre con quien ella vivía me quedó debiendo $6,000, por lo que decidí nunca hacerle otro trabajo.

Terminé no haciendo el trabajo de las paredes en la casa de la florista por causa de su compañero y me olvidé completamente del asunto. Años después sentí que Dios me recordó ese acontecimiento y que debía pagar los $300.

Entendí que como cristiano, debía orar por esa situación. Quería dejar las cosas claras con Dios, y mientras oraba, le recordaba que el novio nunca me pagó los $6,000 y que yo era generoso al aceptar que no me debía nada". No obstante, Dios continuó trabajando conmigo en este asunto, un proceso al que llamamos "convicción". Por tanto, mi sentir era que debía pagarle. Y adivina qué, ¡un día me los encontré en Costco! Tan pronto los vi, ¡sentí la necesidad de darles el cheque por $300! Tenía un cheque en mi cartera y de inmediato lo tomé y lo hice por la cantidad que le debía a ella. Me acerqué y le entregué el cheque a ella. Me lo agradecieron y recuerdo que quedaron muy sorprendidos de que me acordara.

Estoy creciendo mucho todavía en integridad, y te voy a decir esto —No estás solo en ser responsable de incrementar tu integridad. Si eres cristiano, tienes a Dios viviendo en tu interior. Él tiene el poder para cambiar tu vida, y te enseñará cómo vivir con integridad.

CAPÍTULO 3:

Los beneficios de la integridad

En el capítulo anterior, mencioné que nunca nadie se cae del lado derecho de la cerca. Tarde o temprano, te vas a quemar y cuando caigas, siempre es en el lado incorrecto. Es solo una consecuencia natural —no es un castigo, es solo que pasa.

Sin embargo, lo contrario también es cierto: También son muchos los beneficios cuando actuamos con integridad. De todos es sabido que cuando tratamos de convencer a alguien sobre cualquier cosa, hablamos de las ventajas. Examinemos algunos de los beneficios que Dios me ha mostrado, tales como las relaciones sanas, la prosperidad financiera y el éxito a largo plazo, de lo cual ya hemos hablado un poco. De todos modos, estoy destacando cuatro beneficios para explorarlos en este capítulo: Protección, influencia, alegría y gracia. Comencemos al dar un vistazo en cómo nos protege la integridad.

La integridad te protege

Muchas personas piensan que la forma como Dios hace las cosas arruina su diversión, piensan que Dios es gruñón y severo y que no le agrada que nos divirtamos.

Nada más lejos de la verdad.

La verdad es que la manera de Dios de hacer las cosas es para nuestra protección. Él es un Dios cuyas consecuencias son naturales. Él hizo el universo de forma que, si dejas caer un huevo al piso, se quiebra.

No tiene nada de malo que el huevo se quiebre cuando lo dejas caer; es la consecuencia natural de haberse deslizado de tus manos.

A mi hija no le gustaba que le pusiera hora de llegada, pero siendo su padre, sabía del dramático aumento de riesgo de accidentes y crímenes después de la medianoche. No era mi intención coartar su tiempo de diversión; mi propósito era protegerla al pedirle que estuviera en casa a más tardar a las doce.

Cuando Dios nos instruye para vivir con integridad, es como un cinturón de seguridad. Los cinturones de seguridad salvan vidas. A algunos no les gusta ponérselos y piensan que les limita la libertad. Pero si alguna vez tienes un accidente, hubieras querido tenerlo puesto. Proverbios 13:6 dice: "La justicia protege al que anda en integridad, pero la maldad arruina al pecador.

Hace algunos años, me hicieron una auditoría de parte del EDD — El *Employment Development Department* del Estado de California. Déjame decirte que es algo muy serio y mucho peor que una auditoría del Departamento de Rentas Internas (IRS). ¡Con el EDD no se juega!

Luego de la auditoría, el EDD me entregó una factura de cobro por $80,000 dólares. Tuve que contratar a un contador por $100 dólares la hora para poner las cosas en orden. Me informó que habíamos estado cometiendo algunos errores y debido a ello, había que pagar. Honestamente, en ese momento, yo no sabía que los estuviera cometiendo. Si lo hubiera sabido desde el principio, me habría ahorrado mucho dinero. Si hubiera conocido las normas, me habrían protegido.

Dios nos da las normas, y si las aplicamos, ellas nos protegen.

El asunto es que Dios había comenzado el tratamiento de la integridad en mi vida años antes de la auditoría del EDD. Hubiera podido contratar un contador desde antes para asegurarme de que estaba haciendo bien las cosas y, seguramente, me hubiera evitado muchos dolores de cabeza (y pérdida de dinero).

Dios no quiere alejarte de algo bueno cuando te pide llevar una vida de integridad. Él quiere protegerte. Recuerda, Él nos cuida cuando actuamos con integridad.

¿Qué es lo que Dios está tratando de proteger en tu vida? Él desea proteger tu negocio, tu matrimonio, tus finanzas y mucho más —¡Tu vida completa! Si eres cristiano, Dios quiere proteger tu reputación para que te represente correctamente ante los demás, es lo que llamamos tu "testimonio".

En 1 Timoteo 4:16, Pablo le dice al joven Timoteo: *"Compórtate como es debido, y ten cuidado de lo que enseñas. Sigue haciendo esto, y no sólo te salvarás a ti mismo, sino que también salvarás a los que te escuchen"*.

La integridad te hace influyente

Dios quiere que seas una persona influyente, y ese es el beneficio de la integridad que quiero mostrarle. Al comienzo del capítulo anterior, mencioné que alguien siempre nos está observando. Debido a que otros nos observan, es una gran oportunidad para influir en ellos.

Cuando reparaba paredes, recuerdo haberle hecho un trabajo al dueño de un taller de carrocerías, un hombre áspero y difícil. Era de cierta forma un buen negociante, pero funcionaba en la forma natural para los negocios. Yo estaba ocupado aprendiendo a hacer negocios de manera sobrenatural, y esto generó algunos conflictos. Siendo él áspero y difícil, y yo muy testarudo (quiero decir "firme") —especialmente, cuando creo en algo con pasión, como estaba aprendiendo los principios sobrenaturales, era yo "muy apasionado" durante algunas de nuestras conversaciones.

En ese momento, aparentemente, era como la causa de los roces; sabía que las cosas había que hacerlas a la manera de Dios, pero mi cliente estaba acostumbrado a hacerlas como las hace la mayoría de las personas, pensando que ganaría y ahorraría algún dinero.

Pero aquí está la cuestión —mientras que era una causa de fricción en el momento, yo no entendía que estas discusiones también eran oportunidades para influenciarlo.

Años después comenzó a salir con una mujer cristiana, y algún tiempo después se casaron. Un día me llamó y me dijo: "Mike, solo quería hacerte saber que acepté a Jesucristo como mi Señor y Salvador". Luego me dijo que el trato que le di pasó por su mente cuando tomó la decisión de aceptar a Jesús. Recordó cosas que había expresado y de los principios que trataba de defender, y ahora entendía que fue influenciado por esos principios.

A medida que han crecido tanto mi responsabilidad como mi autoridad, de igual manera lo ha hecho mi influencia. Hoy en día, lo veo como parte esencial de lo que hago como representante de Dios en los negocios. Pensamos que es solo en el servicio de los Domingos, en viajes como misioneros, o con algunos evangelistas de la televisión, pero creo firmemente que nuestro diario vivir es el mejor lugar para influir sobre otros y mostrarles lo que pueden hacer nuestras creencias.

Cuando vives con integridad, le estás permitiendo a Dios que te haga ser alguien con influencia.

La integridad protege tu alegría

Piensa en esto: cuando tienes un secreto, siempre estás preocupado de que el secreto pueda ser descubierto. Si guardas secretos en el trabajo (trampas que hayas hecho o cosas que te han comprometido), en algún lugar dentro de ti hay ansiedad pensando que algún día te van a descubrir. Esto también ocurre en el hogar cuando le ocultas algo a tu esposa. ¿Es tu relación tan abierta y transparente como debe ser? ¡Probablemente no! ¿Y qué tal si algún día se da cuenta? ¿Te costará el matrimonio? Este tipo de preocupaciones son la raíz de todo nuestro estrés.

Los secretos te roban el gozo.

LOS BENEFICIOS DE LA INTEGRIDAD

Lo contrario también es cierto. Hay un tipo de gozo que viene de parte de Dios cuando estás viviendo a Su manera y es algo que va mucho más allá de la felicidad. El Salmo 119:1 nos dice: *"Dichosos los que van por caminos perfectos, los que andan conforme a la ley del Señor"*. ¿Por qué están felices? ¡Porque ellos no tienen temor de encontrar esqueletos en su closet!

Anteriormente, comenté que una de mis definiciones favoritas de la integridad es hacer lo correcto, en el tiempo correcto y por la razón correcta. Cuando sabes lo que debes hacer y no lo haces, eso produce estrés. Sientes ansiedad porque sabes que estás obrando de manera incorrecta o no lo estás haciendo en el momento adecuado, o haciéndolo con actitudes o motivos incorrectos. Cuando lo haces a la manera de Dios, ninguno de esos problemas te persigue. Eres libre para disfrutar de tu tiempo porque hiciste lo que tenías que hacer y cuando debías hacerlo.

A finales de 1999, el primer gran año que habíamos tenido Janet y yo, nos reunimos con mi contador, quien nos informó que debíamos cierta cantidad de dinero por nuestros impuestos. Pagamos los impuestos en el comienzo del 2000, y en febrero, nos informó que se había cometido un error y que debíamos más impuestos".

Le pregunté: ¿Cómo es que cometimos un error? Yo soy un contratista y tú eres un profesional de impuestos".

Respondió: "Usted debe $100,000 dólares más de lo que le había dicho" y agregó: "Pero no se preocupe, podemos alterar los libros y no tendrá que pagar, y si lo descubren, probablemente no tenga que ir a la cárcel".

Lo primero que dije fue: "¡Está despedido!" Y lo segundo fue: "Pagaremos los impuestos". Recordemos que Jesús dijo: *"Dar al César lo que es del César y a Dios lo que es de Dios"*. (Marcos 12:17). Como no teníamos el dinero, optamos por hacer pagos.

A comienzos de abril, recibimos una llamada de parte de alguien con quien trabajábamos. Habíamos hecho una inversión en uno de sus edificios, pero no éramos parte de la administración ni estábamos llevando a cabo el proyecto. Me dijo: "Tenemos una oferta de compra de contado por el edificio". ¡Esto me pareció muy bien! "Lo vamos a vender, y vas a obtener una gran utilidad".

Le respondí: "¡Eso es maravilloso! La voy a utilizar para pagar mis impuestos. ¿Cuánto dinero voy a recibir?

Me contestó: "No vas a creerlo, ¡vas a recibir $99,000!"

Recibí ese dinero el 14 de abril y pudimos pagar nuestros impuestos. Fue una forma en la cual Dios me mostró que Él haría las cosas de forma sobrenatural, si tan solo observaba Su manera. Dios es el autor del gozo. Su gozo es nuestra fortaleza, y gracias a Él, tuve la fortaleza para no hacer trampa en los libros de contabilidad. Él me ayudó a preservar mi integridad y con ello, Su gozo en mi vida.

El favor de Dios

Dios no nos acepta o nos ama debido a lo que hacemos. La Biblia nos enseña que estamos en buenos términos con Dios gracias a Cristo Jesús. Aclaremos esto de una vez.

Dicho esto, lo que hacemos importa. Podemos estar dispuestos a sobresalir o a fracasar. La integridad te abrirá puertas que reflejen el favor de Dios —Su aprobación inmerecida en tu vida. No digo que nos ganamos Su misericordia; digo que cuando adoptamos una vida con integridad, nos alineamos correctamente y podemos obtener beneficios que, de otra forma, perderíamos.

Lo siguiente fue algo que sucedió cuando aún éramos una pequeña empresa de construcción. Vi que él dueño de una gran compañía de construcción de edificios de apartamentos multifamiliares hacía el mismo trabajo que nosotros. Los llamé y les dije que quería trabajar para ellos. Me dijeron que ya tenían a alguien, pero estuvieron de acuerdo en que podía llamarlos más adelante. Los llamaba varias veces al mes hasta que la persona encargada exasperada con mis llamadas me dijo, recalcándomelo varias veces: "¡No lo necesitamos!"

Yo entiendo las indirectas, pero la verdad creía que el Señor me iba a dar ese trabajo y empecé a enviarles faxes, en vez de llamarlos. Y sucedió que un día el constructor y el vicepresidente hablaban sobre qué hacer con un problema que había con el contratista, cuando vieron mi fax.

"Me llamo Mike Rovner, y le puedo ayudar" —decía.

Terminé obteniendo un contrato que era 80% más grande que todos los que había hecho antes —¡y con ese trabajo mayor, un 80% más de presencia en el mercado! Me sentí como Pedro cuando descendió de la barca para caminar sobre las aguas en el tormentoso mar con Jesús —¡fue un paso de fe enorme!

Recuerda tener cuidado por lo que oras.

Por mucho tiempo, deseaba trabajar en esa compañía, y finalmente lo conseguí. ¡Pero el representante del dueño era una de las peores personas con las que he trabajado en mi vida! Quería que hiciéramos un trabajo de una calidad tal que era imposible hacerla con el presupuesto asignado y como si fuera poco, era intensamente racista y grosero. Comencé a recibir quejas de mis empleados y subcontratistas.

Un día, estábamos juntos en un lugar de trabajo, y tuve que confrontarlo y decirle: "Por favor, no me hable de esa manera". Se entiende que estoy en el ramo de la construcción y he escuchado todo tipo de cosas. Pero este individuo ¡era absolutamente de lo peor!

No atendió a mi reclamo y al contrario se burló de mí, lo cual revelaba un gran problema para la gente de mi compañía que trabajaba allí. Nadie quería trabajar ni estar cerca de él, y estaban dispuestos y listos para marcharse por culpa de esa persona.

Pensé que podía dejar las cosas como estaban, con lo cual podía perder algunos de mis mejores empleados, o podría informarle a su jefe de la situación que se estaba presentando y ver si hacían algo al respecto. El problema era que, si lo informaba y no hacían nada, este hombre podría arruinarme, pues había invertido mucho en ese proyecto.

En páginas anteriores te mencioné que si escuchamos a Dios, Él siempre nos lleva a obrar con sabiduría y hacia el camino de la integridad. En mi desesperación pensando que hacer, caí en cuenta que debía orar. ¡Era lo menos que podía hacer!

Sentí que Dios puso en mi corazón que debía hacer lo que era correcto, sin importar cuanto costara. ¡Eso no era lo que yo quería escuchar!

Entonces, escribí una carta al vicepresidente de la compañía y llamé al gerente de construcción. Tuve una reunión con el gerente de construcción, quien no hizo absolutamente nada al respecto. Luego, me reuní con el vicepresidente y tampoco hizo nada. ¡Ahora estaba realmente indefenso!

Sin embargo, algo más sucedió. Este vulgar gerente de construcción había acosado sexualmente a algunas mujeres de esa compañía que no lo habían denunciado por temor. Había sido racista y tampoco lo habían denunciado. Cuando se supo que yo había hablado sobre su conducta, se animaron y eso los alentó a proceder. Si yo no hubiera actuado, tal vez ellos no hubieran procedido.

Dos semanas más tarde, aquel gerente de construcción ya no estaba trabajando. Había sido despedido.

Por el trabajo que habíamos hecho en esa compañía, obtuvimos contratos por millones de dólares debido a las buenas referencias, por no mencionar el trabajo que continuamos haciendo para ellos durante muchos años. Hicimos remodelaciones en miles de unidades de apartamentos, debido al prestigio obtenido con ese trabajo, que no se hubiera logrado sin la firmeza ejercida para actuar correctamente.

Considero que todo el trabajo que hicimos para esa compañía, las muchísimas referencias que recibí después de hacer un buen trabajo para ellos es el favor de Dios en mí y en MRC. La integridad (hacer lo que es correcto) abrió esas puertas y el Señor derramó bendiciones a través de ellas.

Cuando haces lo que es correcto en situaciones difíciles, Dios te va a bendecir. No siempre es fácil; correrás grandes riesgos por obedecerlo.

Integridad práctica

Hemos hablado sobre algunos de los beneficios de la integridad, pero he descubierto que es beneficioso hacer algo práctico para hacerlo real. Por tanto, ¿Cómo es vivir y caminar con integridad?

Una de las primeras cosas que el Señor me enseñó fue cumplir mi palabra. Cuando decía algo, quería que fuera 100% la verdad, todo el tiempo. La Biblia lo dice de manera sencilla: *"No jurarás falsamente …"* (Mateo 5:33).

Esto es muy importante en los negocios, y en MRC nos destacamos cuando hay que decir la verdad —aun cuando sean noticias que al cliente no le gustará escuchar. La construcción no es una ciencia perfecta, y nos ha tocado ir a reuniones a decir la verdad a los clientes: "Su edificio no va a estar listo a tiempo". (La mayor parte de las veces no es culpa nuestra, pero terminamos cargando con ella, con razón o sin ella.) A ellos no les agrada saber eso, pero es la verdad. Yo prefiero ser conocido como alguien que siempre dice la verdad, en lugar de decir lo que mis clientes quieren escuchar cuando la verdad es otra.

Sé atento a la sabiduría antigua: Habla claramente y cumple con tu palabra. Di la verdad, aunque duela.

Una nota al margen de lo anterior: Algunas personas no dicen la verdad porque temen generar conflicto. Están preocupados porque si dicen algo incorrecto, causarán conflicto; entonces optan por decir lo que creen que podría evitar problemas, aun cuando esto signifique manipular la verdad. Pero si quieres ser una persona que se esfuerza en buscar la integridad, tienes que desechar esa inclinación y decir la verdad con amor (ver Efesios 4:15). A nadie le gusta el conflicto; a mí, personalmente, me desagrada. No obstante, para administrar un negocio de manera sobrenatural, hay que acomodarse para el conflicto o por lo menos sobrevivir. Debes ser capaz de atraer a las personas con amor, sin castigarlas.

Estaba recientemente con alguien en el carro cuando recibimos una llamada. Faltaba todavía una hora para llegar al lugar, pero se nos dijo que debíamos estar allí en media hora.

"¡No sin un cohete!" dije.

No es esta la primera vez que algo así se me presenta y esto me llevó a pensar porqué decimos cosas que no son verdad. Es frecuente que lo hagamos porque no queremos que las personas se molesten porque no estamos haciendo lo que dijimos. Lo que no queremos es desilusionarlos.

¡Créeme, la gente se va a dar cuenta ¡cuando lleguemos media hora tarde! La verdad va a aflorar, aunque trates de manipular el conflicto o la desilusión. Cuando decimos esas "pequeñas mentiras blancas", la gente no solo quedará desilusionada, sino también enojada porque le dijimos algo que no era verdad.

Te diré esto: Puede parecer que te traiga conflictos ser una persona íntegra y decir la verdad en el momento, pero al final serás respetado por eso. El respeto hay que ganarlo y con la honestidad e integridad lo ganarás en gran medida.

La gente respeta a aquellos que son francos, sinceros y honestos. La gente aprecia lo estable y la consistencia de una persona ante cualquier situación (tanto en público como en privado) y se sorprenden ante esa transparencia, pues esto requiere valentía, especialmente en el mundo de hoy que es tan rara.

Recuerdo haber aprendido eso con mi pastor. Teníamos reuniones de Junta de Consejeros todos los jueves por la noche, y los domingos me preguntaba con frecuencia si iría. Al comienzo le decía siempre que sí, aunque supiera que mi agenda de viajes no me permitiría asistir. No quería desilusionarlo.

Debí haber dicho: "Pastor, tengo una reunión este jueves y no sé si podré asistir". Tuve que mejorar en ese aspecto, y ahora soy claro al compartir mis compromisos con el pastor.

Ser una persona íntegra con frecuencia implica decir "no". A veces, es una palabra incómoda y desagradable. Pero la palabra "no" es liberadora y honesta. Si no utilizas esa palabra con frecuencia, puedes practicarla a medida que vayas leyendo. Di "No". ¿Te das cuenta? Puedes hacerlo.

Ser una persona íntegra y transparente también implica admitir los errores y responsabilizarse. Siempre habrá momentos donde decepcionamos o fallamos en algo. Sin embargo, podemos reconocerlo, aceptar la responsabilidad y ser honestos. Eso es ser una persona íntegra.

Una vez estuve en una conferencia de un corredor de bienes raíces que se me acercó y me dijo: "¿No eres tú ese contratista del que estoy hablando?" Yo me preguntaba que quería decir con eso, y pronto descubrí que él conocía a alguien, que conocía a alguien, que conocía al dueño de un edificio en el que habíamos trabajado. ¡Vaya con las referencias!

Esta es la historia: Un viernes por la tarde, un reparador de techos rompió una tubería de las unidades de condominios que estábamos remodelando en Brentwood. Fue algo terrible debido a que nadie se dio cuenta y las unidades se inundaron durante el fin de semana. Cuando mi personal llegó el lunes a trabajar, parecía como si se hubiera roto un hidrante, ¡era tal la cantidad de agua!

Había cinco o seis pulgadas de agua dentro de las unidades. ¡Era un desastre!

Me reuní rápidamente con mi personal y con los dueños y llamé a la compañía de seguros. ¿Y qué crees que dijeron? "¿Por qué no solo suspende el trabajo?" Dijeron que llamarían a los tasadores y ajustadores para que vinieran al lugar, comenzaran el proceso y dejaran que los abogados manejaran el asunto.

No obstante, Dios me recordó que había firmado un contrato para terminar el trabajo en una fecha determinada, y el proceso del seguro podía tomar años.

El reparador de techos no estaba, él hizo lo que dijo la compañía de seguros. El problema era que yo no tenía el dinero necesario para hacer el trabajo de nuevo. Por lo tanto, hablé con el dueño y le dije que yo quería cumplir con la fecha de entrega que habíamos acordado en el contrato, pero que carecía de los recursos para ello. Puesto que era en su mejor interés que se hicieran las reparaciones, pudimos estar de acuerdo en que él se haría cargo de una parte y nosotros de otra. Tomamos fotografías para la compañía de seguros y comenzamos a trabajar.

Reconstruimos completamente las unidades, lo que nos costó hasta el último centavo de las ganancias de ese trabajo. Ser honesto fue la parte más fácil; hacer lo correcto fue un reto, pero valió la pena.

El dueño pudo vender las unidades rápidamente, obteniendo una buena utilidad. Sin embargo, la historia no termina aquí. Me reuní con el dueño nuevamente una vez que todo hubo terminado, y, como es natural, esperaba que lo sucedido dejara una mancha para nuestra compañía. A pesar de eso, me dijo: "Rovner, en la peor de las situaciones, hiciste lo correcto". Se inclinó ante mí y dijo: "Tú eres nuestro contratista" ¡y antes de seis meses, teníamos contratos con ellos con un valor de más de diez veces el valor de ese trabajo!

¡Y aún no termina! La compañía de seguros me pagó hasta el último centavo, más un 20%. El reparador de techos que abandonó el trabajo, no trabajó más para nosotros. Por mi lado, continué trabajando para ellos por muchos años, y le dio muy buena reputación a MRC a través de las buenas recomendaciones. Como lo manifestó el agente de bienes raíces en la conferencia, la fama se propagó por la forma honesta e íntegra como se manejó aquella situación.

El Árbitro Santo

Debido a que hablo tanto sobre integridad y negocios sobrenaturales como un asunto de gran importancia, con frecuencia la gente me pide consejos espirituales de cómo vivir con integridad, y quiero darte dos más: Comúnmente, les digo que no se trata de una lista de qué "hacer" o qué "no hacer". Primero, les digo que la integridad sobrenatural viene por escuchar el suave susurro de la voz de Dios, guiándonos. Cuando tienes a Jesús en tu corazón, Él actúa como la voz de tu consciencia, pero realmente, es el Espíritu de Dios viviendo dentro de ti. En segundo lugar, les digo que la integridad espiritual es tener personas en quienes puedas confiar y quienes tengan la libertad de decirte todavía las verdades más duras de tu vida.

Me encanta la manera como la versión Bíblica Clásica Amplificada traduce Colosenses 3:15: *"Y deje que la paz (armonía que viene del alma) gobernada por Cristo (actúe como árbitro permanente) en sus corazones [decidiendo y resolviendo con firmeza todas las dudas que surjan en sus mentes]…"*.

Dios desea ser tu Arbitro. Él quiere cantar la jugada "Penalti" cuando es "Penalti", "Falta" cuando es "Falta" y "Gol" cuando es "Gol".

Esto quiere decir que cuando no sepas qué hacer, pregúntale a Él —y creé que Él te responderá. Dale el derecho de vetar cualquier decisión que tomes, y cuando Él hable, obedece —¡sin discutir ni quejarte!

Con frecuencia, esto es, prácticamente, de dónde proviene la paz. Si estás enfrentando alguna situación, pregunta a Dios qué hacer. Con oraciones sencillas: "¡Señor ayúdame! ¡Muéstrame la solución, dame sabiduría!" Entonces, espera ver si sientes paz. Si sientes paz en una decisión y en otra no, es señal de que Dios te está guiando. Me gusta cerrar los ojos e imaginar que voy por un camino u otro, y luego espero en Él, para ver cuál me da más paz.

Es extraño cuán frecuentemente Dios me ha dicho que haga lo más difícil y me ha dado la paz necesaria para hacerlo, cuando lo incorrecto hubiera sido más "fácil". Aprende a buscar Su paz y deja que sea el Árbitro Santo en tu vida.

Una nota final en esto: La paz de Dios nunca contradice nada de la Biblia. La Biblia no escribe específicamente sobre tu negocio, aun así, es una guía para la vida y los negocios, como ninguna otra. Es tan importante hoy como hace 2,000 años. El Libro de Proverbios, especialmente, está lleno de sabiduría, y se puede aprender un excelente manejo de lo espiritual y lo práctico e incluso, sagacidad para los negocios en la senda de la integridad de Dios, por medio de lo que dice en la Biblia.

También debes dar el derecho a ciertas personas a hablar sobre tu vida. Yo soy muy selectivo al invitar personas de mi círculo más íntimo para hablar de mi vida, asegurándome de que sean personas que escuchan a Dios. Mi esposa es la primera en la lista, incluidos otros como mis pastores, mi mentor, mi CFO (Director de Finanzas), y mi vicepresidente ejecutivo en MRC.

Les he pedido que me ayuden a ser responsable, y los he autorizado, por adelantado, para llamarme la atención en cualquier cosa de mi vida que ellos vean que no está de acuerdo con los estándares de Dios. Pueden hacerlo y les he prometido que escucharé, con respeto, lo que tengan que decirme.

Para este propósito, deben ser personas en las que puedas confiar tal responsabilidad, personas que han demostrado ser piadosas e íntegras por largo tiempo. Son relaciones de confianza para largo plazo y deben haber sido comprobadas. Personas que te quieran (hasta el sacrificio) y quieran lo mejor para ti.

LOS BENEFICIOS DE LA INTEGRIDAD

Cuanto más éxito tengas, más reducido será tu círculo íntimo porque mucha gente desea la influencia de una persona exitosa, pero muy pocos te amarán y te desearán lo mejor por lo que eres, sino más bien, por lo que puedan *obtener de ti*. Elige sabiamente.

Permitir a personas selectas a hablarte de tu vida requiere humildad y algún grado de sumisión hacia ellos (tema que trataremos más adelante). La primera vez que uno de ellos te planteé un problema, será un momento muy difícil —y para ser franco, siempre es complicado escuchar de parte de otra persona que uno perdió el control de la pelota. Sin embargo, este tipo de relaciones honestas y transparentes es una de las mayores fortalezas para los que viven con integridad.

La manera como tratas a los demás

La gente se siente atraída por las personas íntegras. Trabajarán realmente duro para ti, lo cual te obliga a ser responsable con ellos.

Hace muchos años, uno de nuestros superintendentes estaba haciendo un trabajo adicional, aparte de su trabajo normal en MRC. Era muy importante para mí que ese trabajo se terminara, y el superintendente lo estaba haciendo después de su horario, en un edificio que Janet y yo habíamos comprado.

Mi vicepresidente, Dave Holland, se acercó a mí y dijo: "Este es uno de nuestros mejores empleados. Súper comprometido en su trabajo, y lo estás presionando al máximo. No va a tener tiempo para compartir con su familia, pues le estás imponiendo demasiada carga extra de trabajo".

Recuerdo haberme sentido un poco incómodo por eso. ¿Pensé que, si era mucho trabajo adicional, por qué no me lo había dicho? Dave me ayudó a entender que el superintendente era tan comprometido, que estaba dispuesto a dejar hasta su última gota de sudor por nosotros. No quería contrariarme ni quejarse.

Nunca he querido lastimar a nadie y tuve que escuchar que lo que Dave me estaba diciendo era que al imponer esa carga de trabajo a ese hombre lo estaba afectando. "Tienes razón", le dije a Dave.

La gente es apasionada y leal cuando eres un empresario con manejo sobrenatural e integridad. Por su parte, siempre debes preguntarte si estás haciendo lo correcto, pues ellos se esfuerzan por hacer lo correcto para ti. La integridad no significa hacer lo correcto para ti; significa, también, hacer lo correcto con los demás y darles lo mejor.

¿Cómo quisieras que te recordaran?

Cuando empezamos a hablar sobre la integridad, señalé que las personas siempre nos observan. No deseo insinuar que nos comportamos con integridad porque la gente nos esté observando. Actuamos con integridad porque Dios siempre nos está mirando, y yo por mi parte, quiero imitar el corazón de Dios. Y cuando lo imitamos al actuar con integridad, somos testimonios vivientes de cómo y quién es Él. Los beneficios y la influencia vendrán como resultado natural.

Vas a ser conocido por algo. Elige lo que vas a ser. ¿Quieres ser conocido por decir a la gente lo que quieren oír? ¿De qué fuiste muy bueno al caminar por la línea?

O ¿Serás conocido por tu integridad?

Yo sé cuál elijo.

CAPÍTULO 4:

La práctica de la dependencia total

Hace muchos años, tuve un incidente con un empleado con quien había trabajado por muchos años. De hecho, éramos amigos desde que teníamos doce años. Había contratado a John como el carpintero oficial, pero ascendió en MRC y se convirtió en uno de mis mejores supervisores.

Bueno, un día tuvimos un desacuerdo, mientras estábamos en uno de los sitios de trabajo. Comenzamos a hablar sobre el asunto, pero lo que había comenzado como un desacuerdo sobre cómo manejar a un empleado, derivó en una agitada discusión. Este supervisor de mucho tiempo me dijo: "Si tú no confías en mi decisión respecto a este asunto, entonces tendré que renunciar".

Estaba tan enojado que respondí: "y si tú no respetas mi autoridad, entonces, ¡serás despedido!"

¿No se daba cuenta que yo era el jefe? ¡Él tenía que respetar mi autoridad! Con esta discusión, me mantuve firme en mi posición. Me dijo entonces que renunciaba. Le dije que en lo que a mí concernía, ya estaba despedido.

Como puedes ver, ¡esta situación estaba empeorando rápidamente!

Un par de días más tarde, mi consejero mayor y vicepresidente, Dave, un hombre a quien conozco y respeto desde hace muchos años, vino a mi oficina. Ahora que ya me había calmado, él deseaba decirme lo que pensaba. (Recuerda que tienes que dar permiso a algunas personas para hablarte honestamente en tu vida, y él es una de esas personas para mí).

"Si quieres puedes despedirlo," me dijo, "pero es un hombre excelente y es difícil encontrar un supervisor que lleve a cabo sus funciones tan bien como lo hace él".

Me recliné en mi silla, pensando en lo que me dijo. Pensé en los años que invertí entrenando y capacitando a este supervisor. Yo estaba listo para despedirlo, permitiéndole a otra compañía aprovechar todo lo que había invertido en él.

De repente, tuve una brillante idea: ¡Quizá debía pedir a Dios que me guiara! Oré: "Señor ¿qué debo hacer?"

Después de haber orado, comencé a recapacitar acerca de todos los años utilizados para capacitar a John. Él había hecho un muy buen trabajo para nuestra compañía, y ahora que estaba tan bien capacitado, ¿iba yo a despedirlo por una simple diferencia de opiniones?

De repente me di cuenta de que debía ser humilde, buscarlo y hacer un esfuerzo auténtico para ventilar nuestras diferencias. Cuando llegué con John con humildad (no como un perro apaleado, sino, simplemente, más abierto sobre su punto de vista), respondió de una forma muy positiva. "Lamento mucho que eso haya sucedido —respondió —pero no sabía cómo decirte que estaba muy apenado".

Hablamos del tema, y como ya no estaba asumiendo una actitud de: "es lo que yo diga o te vas", pudimos resolver el asunto, y es todavía un buen amigo y un excelente empleado. De hecho, aunque yo no lo sabía en ese momento, Dios estaba trabajando en algunas cosas en su vida, de las cuales te contaré más adelante.

Dios me estaba enseñando entonces —y continúa haciéndolo —lo que realmente significa ser humilde. No es lo que yo tenía en mente al principio y, a pesar de lo que puedas suponer, la humildad es, en realidad, un activo en los negocios.

LA PRÁCTICA DE LA DEPENDENCIA TOTAL

No se trata de ti

Los círculos de la iglesia y de los negocios tienen ideas radicalmente diferentes sobre el orgullo y la humildad. En los negocios, la palabra *orgullo* es estar satisfecho contigo mismo y el trabajo que haces es como la autoestima.

La *Humildad*, por otro lado, no es algo de lo que se hable mucho y cuando se hace es como si estuviéramos hablando de humillación, no de ser humilde. Ser humillado significa que se aprovechen de ti, ser dócil y ser explotado. Nadie quiere eso, así que nosotros realmente nunca hablamos de humildad.

El orgullo del cual estoy hablando es tener una visión de desprecio por los demás; es la vanidad, el egocentrismo y la autosuficiencia. Pero el problema más grave con el orgullo es creer que se puede funcionar sin Dios. Las personas de algunas iglesias piensan que la humildad es tener una pobre opinión de uno mismo, ser un miserable pecador sin atributos y ningún valor como persona. No obstante, la definición de Dios en cuanto a la humildad es muy diferente a la que escuchamos en la iglesia.

Puesto en términos sencillos: la verdadera humildad es depender de Dios, en lugar de depender de ti mismo. Es darse cuenta de que *no es por ti,* sino es por *Él.*

Jesús es el mejor ejemplo de humildad para nosotros. Pablo nos dice que debemos pensar sobre nosotros de la manera en que Jesús pensó en Sí mismo —Él siendo igual a Dios, no pensó tanto en Sí mismo como para valerse de las ventajas que Su posición le otorgaban. En cambio, vino a la tierra en la forma más humilde posible y ¡se hizo *humano!* como un niño frágil nacido en un pesebre lleno de animales malolientes, comenzó una vida de servicio a los demás, obedeció a Su Padre, y luego sufrió una horrible muerte —por todos nosotros (ver Filipenses 2:5-8).

Aun así, este es el mismo Jesús que tomó un látigo y sacó del Templo a los prestamistas y vendedores de animales. Es el mismo Jesús que se disgustaba ante la muerte y la enfermedad. El mismo Jesús que enfrentó y condenó la forma engañosa de los fariseos de representar a Dios ante el pueblo. Jesús habló con poder y autoridad, de manera completamente diferente a los líderes religiosos de su época, y Su convicción de autoridad y carisma atrajo a miles de personas.

Jesús no fue un débil, blando o pusilánime. Él es un modelo de fortaleza y control perfecto. Jesús también reconoció que a pesar de que Él es el Hijo de Dios, no se trataba de Él; sino que dio todo el reconocimiento a Dios y mencionó solo lo que Dios le indicó que dijera (ver Juan 12:49).

La imagen de la humildad es la de un poderoso caballo dirigido por un pequeño freno. Un animal de dos mil libras, muchas veces más del peso del jinete, dirigido por un pequeño mecanismo —es lo mismo para nosotros —cuando somos humildes y dependemos completamente en Dios, podemos seguir su sentido de paz y ser empoderados por Su fortaleza.

Depender de Dios

Hemos sido entrenados para no depender de nada. Hemos aprendido que confiar en otra persona es algo malo, y cuando confiamos en las cosas de este mundo, inevitablemente, nos sentiremos decepcionados. Es por lo que una de mis definiciones favoritas de la humildad es completamente opuesta a todo lo que el mundo enseña. **La verdadera humildad es depender de Dios.**

Comencé a aprender esto cuando mi pastor me puso a enseñar estudios Bíblicos, por lo cual tuve que estudiar la Biblia verdaderamente. Dios utilizó cosas que aprendí como valores fundamentales para mi compañía y guía de creencias para mi vida. Ya sea que se trate de mi familia, el negocio, las amistades o ministerios, es en lo que creo para mi vida y mi propio comportamiento. Depender en Dios con humildad es el fundamento de esos principios.

Él comenzó a enseñarme que Dios no solo nos equipa y luego nos envía a operar independientemente de Él. Dios quiere que contemos con Él, y aunque suene extraño, somos más fuertes cuando dependemos únicamente de Su poder, y no del nuestro.

En el año 2005, mi esposa y yo compramos una propiedad en Simi Valley, California, cerca de donde vivimos. Después de que la compramos, nos enteramos de que estaba ubicada en una zona de terremotos. Para los que no estén familiarizados con el término, una zona como esta significa que es un área donde los movimientos de la corteza terrestre son comunes y pueden ocasionar terremotos. Esa es la definición técnica, pero para lo que era nuestro propósito, era un área donde no se podía construir.

Cuando le di la noticia a Janet, me preguntó: "¿Verificaste si era una zona de terremotos antes de comprarla?" Era lo más obvio, ciertamente.

Tuve que admitir que no lo hice.

Considerando lo sucedido, debí haberlo verificado, y las personas que nos lo vendieron debieron haberlo declarado. Entiendo y creo en el deber de ser diligente al funcionar. Sin embargo, ahora comprendo que Dios tenía un plan con todo lo que estaba pasando y con lo que haría después.

Janet vino luego y me dijo que ella había leído que, en ocasiones, Dios sanaba la tierra. "¿Recuerdas esa Escritura?" me preguntó.

La recordé: *"si mi pueblo, que lleva mi nombre, se humilla y ora, busca mi rostro y se aparta de su conducta perversa, yo oiré desde el cielo, perdonaré sus pecados y restauraré su tierra"*. (2 Crónicas 7:14).

Janet me dijo: "Vamos a nuestra propiedad. Arrodillémonos, levantemos nuestras manos y oremos para que Dios sane nuestra tierra". Al no encontrar ninguna otra alternativa, acordamos en ir y poner nuestras manos en la propiedad y pedirle a Dios que la sanara.

Por consiguiente, eso fue exactamente lo que hicimos. Fuimos humildes, oramos y buscamos a Dios. Creímos —y siempre lo hacemos— que si somos humildes, se abre una puerta hacia Dios para sanar de manera sobrenatural y cambiar cualquier situación en nuestras vidas, inclusive hasta donde vivimos.

No solo fuimos una sola vez. Llevamos a todas las personas de oración que se nos ocurrió, ministros, pastores, y a todo el mundo, para que oraran con nosotros. Tendíamos sábanas sobre el barro para arrodillarnos a orar e hicimos todo lo que había que hacer. Oramos y creímos. Decidimos no decir nunca que no íbamos a poder construir en esa tierra.

En el 2008, la economía se desplomó y nos mantuvimos a la expectativa. La tierra estaba allí.

Cinco años después, ya habíamos pagado los 12.3 acres que habíamos comprado. Todavía no sabíamos si era un pedazo de tierra sin ningún valor o si podíamos construir algo allí, algún día. Mientras la economía se recuperaba, pensamos que debíamos averiguar qué clase de terreno teníamos, y si Dios la había sanado.

Si quieres construir en una zona de terremotos, tienes que hacer zanjas de sesenta pies de largo y de casi treinta pies de profundidad para que se pueda determinar si hay alguna falla en el terreno. En un área de doce acres, generalmente se deben cavar tres zanjas.

¡Nosotros cavamos diecinueve!

Había fallas sísmicas al norte y sur de nuestra propiedad. Al este y al oeste, había más zonas con fallas sísmicas. Cuando llegaron los resultados de las zanjas que habíamos cavado, quedaron absolutamente sorprendidos. ¡Las autoridades de la ciudad no podían creerlo! Contratamos a un científico para que examinara las pruebas, ¡y certificó que *no había ninguna falla sísmica en nuestra propiedad!* Pero en la ciudad no lo creyeron. Contratamos a otro, pero tampoco lo creyeron.

¡No había ninguna evidencia de falla sísmica en nuestra propiedad!

Durante cinco años, estuvimos luchando con las autoridades de la ciudad. A pesar de las zanjas y los científicos que contratamos, quienes confirmaron que en nuestro terreno no existía evidencia alguna de fallas sísmicas, se negaron a creerlo.

Finalmente, pude hablar con el director de planeación y otros funcionarios de la ciudad y les dije: "¡Dios sanó nuestro terreno!" Se rieron… y nos pidieron que hiciéramos otra zanja. Habíamos hecho zanjas como para un terreno de doscientos acres en el nuestro de 12.3 acres.

Al final, en noviembre del 2017, recibimos un documento de la ciudad que certificaba que nuestro terreno no tenía ninguna falla sísmica.

Sobre nosotros, fallas sísmicas y por debajo de nosotros, fallas de terremotos. Pero en nuestra propiedad no había fallas sísmicas. Por lo tanto, fue de un pedazo de tierra sin valor a valer millones de dólares, así de fácil.

Te platico esta historia porque no teníamos más opciones que Dios. Dependíamos completamente de Él, y Dios sanó nuestra tierra completamente cuando nos presentamos humildemente y en total dependencia de Él.

Quizá recuerdes cuando hablé que mucha gente en países del tercer mundo no tiene otra opción que Dios. Piensa como eso impulsa sus oraciones, su confianza y, por supuesto, también su humildad. ¿Qué tal si —solo sueña conmigo por un momento —oramos de forma consistente, creemos en Dios y Su Palabra, sin plan de contingencia, sin excusas y sin confiar en nuestras propias habilidades para hacer que algo pase? ¿Qué tal si, simplemente, somos humildes, nos hacemos a un lado, y dependemos de Dios para que Él lo haga todo, sin importar lo que sea?

Seguramente, veríamos milagros, veríamos a Dios sanando todos y cada uno de los aspectos de nuestras vidas. Veríamos negocios sobrenaturales cambiando vidas y creando empleos. Veríamos enormes cambios en nuestras vidas y en las vidas de aquellos que nos rodean.

Y aquí está la parte final de la historia. Creemos que, debido a las oraciones derramadas en nuestra propiedad y al permitirnos construir en ella, las personas que vivan o trabajen allí recibirán bendiciones inexplicables. ¡Creemos que van a tener un encuentro con Jesús que cambiará sus vidas!

Dios no nos bendice solo porque somos nosotros, tampoco es por nosotros. Él nos da para que podamos ayudar a otros, y es nuestra oración que nuestra tierra sea de gran provecho para muchas personas.

El hombre más humilde de la tierra

La historia nos dice que Moisés escribió los primeros cinco libros del Antiguo Testamento y en Números 12:3 dice que Moisés era el hombre más humilde del mundo (recuerda que Moisés escribió eso sobre él mismo). ¡A mí me parece que Moisés pudo haber inventado la jactancia humilde!

Si nuestra única definición de humildad es alguien moderado y sin ningún valor, entonces la declaración de Moisés sobre él mismo lo descalifica.

Pero si su definición es ser dependiente de Dios, puedo ver honestamente como Moisés pudo escribir esto de sí mismo, estaba diciendo que él sabía que no lo podía hacer sin Dios.

Moisés le dijo a Dios que no podía enfrentar al Faraón porque no tenía la capacidad necesaria para dirigir al obstinado pueblo de Dios. Necesitaba estar confiado y motivado, y lo logró cuando dependió completamente de Dios porque puso su confianza en Dios y no en sí mismo.

La Biblia nos dice que Dios habló con Moisés *"cara a cara, como uno habla con un amigo"* (Éxodo 33:11). *Moisés entendió que no podía hacerlo sin Dios, y su respuesta fue estar muy cerca de Él, tan cerca que hablaron "cara a cara".*

¿No te gustaría poder decir que, en tus momentos de oración, has estado tan cerca de Dios como hablando cara a cara con un amigo? Eso es lo que Dios quiere para nosotros. Cuando tienes una relación así con Dios, pienso que Él te dice cosas que no le confiaría a cualquier persona. ¿Cómo pues Moisés pudo escribir sobre la creación en Génesis? ¿Cómo escribió los libros de la Ley y pudo darle tantas recomendaciones al pueblo directamente de la boca de Dios? El Señor tenía que revelar estas cosas a Moisés, y Dios solo podía hacerlo con alguien humilde y que dependiera de Él.

Uno de los mayores beneficios de la humildad que posiblemente desees es poder tener esa relación de dependencia de Dios, cara a cara. Lamentablemente, mucha gente no está dispuesta a seguir a Dios así, y no aceptan que no pueden lograr sus objetivos sin Él. Pretenden hacerlo por su propia cuenta, y ese es el orgullo que los mantiene alejados de muchas tantas experiencias que Dios quiere para sus vidas.

Si deseas tener un negocio sobrenatural, debes reconocer que no lo puedes hacer sin Dios y que debes aprender a depender de Él completamente.

Duque

Ser dependiente de Dios es parecido a estar consciente y ser sensible a lo que Dios está haciendo. Pablo le escribe a la iglesia en Roma y les dice que los hijos de Dios siguen Su Espíritu (Ver Romanos 8:14). Así debemos actuar.

Soy una persona que ama los perros. Por eso, a veces, me gustan más los perros que la gente. Ellos aman sin condiciones y son totalmente dependientes de uno. Sin uno, morirían, y ellos lo saben. Por eso corren a recibirte cuando llegas a la casa.

En 1997, ahorrábamos para comprar nuestra primera casa. Ahora, esto puede sonar un poco raro, pero debido a que adoro a los perros, quería tener uno como declaración de fe de que algún día tendríamos una casa. Necesitaríamos una casa con patio para que el perro realmente disfrutara, por consiguiente, tener a esta mascota era para mí como un paso de fe (¡además quería tener un perro!)

Mientras vivíamos en nuestro apartamento, conseguí un cachorro, y aun cuando era pequeño ya se notaba que iba a ser grande; era de cabeza grande y cuerpo pequeño. Lo traje a casa, Janet me dijo: "¿Qué estás haciendo?"

Comprende que en esa época todo lo que teníamos era un pequeño patio de cemento. Es muy complicado tener un perro grande cuando todo lo que tienes es un pequeño patio.

Pero nosotros creíamos y confiábamos en Dios en que podríamos adquirir una casa. Cuarenta y cinco días después de que traje el perro al hogar, ¡ya estábamos haciendo el contrato para la compra de nuestra primera casa! (Aprende de esta lección: Si quieres una casa, ve y adopta a un perro).

Le pusimos por nombre Duque, amaba a todos, pero definitivamente era mi perro. Me escuchaba, imitaba cada movimiento que yo hacía. Si caminaba, Duque caminaba. Si me devolvía, me seguía, si me detenía, se detenía. A veces, jugaba con él y bailábamos.

No entrené a Duque en nada específico; solo estaba increíblemente familiarizado con el sonido de mi voz. Si alcanzaba a escucharme, lo podía llamar desde cualquier parte y venía corriendo inmediatamente. Se comportaba muy bien y me gustaba llevarlo a las obras de construcción. Él se montaba en la parte de atrás de la camioneta, lo cual le encantaba.

En ese momento, empezamos a obtener grandes contratos, y yo era el contratista con el perro en la parte trasera de la camioneta. Uno de nuestros nuevos clientes, dueño de un gran edificio de apartamentos, en el primer día que nos encontramos, me dijo: *"Odio a esos contratistas que andan con sus perros en la parte de atrás de sus camionetas"*.

Me dijo esto *mientras caminábamos hacia mi camioneta...* donde Duque estaba esperando. El dueño no había visto a Duque todavía, entonces, desde 75 pies o más de distancia, "Duque, agáchate" indiqué suavemente. Duque había estado parado en la parte de atrás y se acostó de inmediato. El dueño y yo pasamos por un lado de la camioneta y nunca lo vio.

Depender de Dios es ser como Duque —reconocer claramente la voz de nuestro Maestro y estar atento a cualquier gesto o indicación.

El libro de Juan, capítulo 15 nos dice que Dios no nos llama esclavos, sino sus amigos. Sin embargo, nuestra única respuesta razonable al Creador del universo es la humilde dependencia. Luego, Juan registra las palabras de Jesús, sin Él nada podemos hacer (ver Juan 15:5). Pero con Él, todo lo podemos (ver Filipenses 4:13).

Sin Él, no nos iría mejor que a un perro si su amo no llega a la casa para atender todas sus necesidades. Necesitamos a Dios para cada respiración.

Humildad es reconocer esta verdad.

Cuando nos equivocamos

A veces, no entendemos verdaderamente que debemos seguir la dirección de Dios, al estilo de Duque, hasta que se nos olvida y ya hemos cometido un error y a veces, solo elegimos desobedecer. Recientemente, un amigo nos invitó a Janet y a mí a asistir a una conferencia que daría, lo cual era cerca. Puse varias excusas, pues de verdad estaba extremadamente ocupado. Las cosas en el trabajo estaban complicadas y era una semana muy difícil, pero sentí que debía ir.

Estaba sumergido en mil cosas que requerirían mi atención, por no mencionar un viaje a la costa este. En mi mente, le exponía a Dios todas las razones por las cuales no podía ir. Cuando le comenté a Janet sobre esto, y me dijo que era mi decisión si íbamos o no. Al final terminé escuchando la letanía de mis razones para no ir, en vez de escuchar el sentir que Dios había puesto en mi corazón.

Incluso el día anterior al evento, me escribieron diciéndome que estaban seguros de que yo estaría allí. Pero no fuimos...

Una vez que todo pasó me di cuenta de que había cometido un error. La semana siguiente o poco más tuvimos todo tipo de problemas y dificultades. Estoy convencido de que hubiéramos podido evitarlos, si hubiera escuchado el llamado que sentí de ir al evento.

La "Convicción" es Dios comunicándote que no escuchaste y de que hay un área de tu vida donde Él quiere trabajar en ti. Nos sentimos intranquilos cuando no seguimos la dirección a donde Dios nos guía (o cuando tomamos la decisión incorrecta), lo cual es muy diferente a ser castigados o sentir la desaprobación de Dios. Yo estaba convencido de que debí ir a esa conferencia.

La pregunta es, entonces, cuando nos equivocamos, (y esto va a ocurrir), ¿qué se debe hacer? ¿Reconoceremos con humildad que nos equivocamos? O ¿aduciremos razones, nos pondremos a la defensiva y rechazaremos la corrección y la guía de Dios?

No somos perfectos. Nadie va a sentir la dirección de Dios perfectamente el cien por ciento de las veces y obedecer y hacer lo que es correcto. Nos gustaría pensar que podríamos, pero somos humanos. Podemos aprender de los errores. Si escuchamos lo que nos está enseñando y hacia dónde nos está guiando, podemos comenzar a sentir cuando Él es quien nos está guiando y cuando solo son nuestras propias ideas.

Depender de Dios quiere decir que aun cuando no se entienda, de todas maneras, lo haremos. Es posible que en el momento no lo entiendas (o tal vez nunca), pero aprendes a descifrar esos codazos que Dios te da.

LA PRÁCTICA DE LA DEPENDENCIA TOTAL

Él quiere que lo conozcas. Él quiere que lo conozcas como Él ya te conoce a ti, para hablar como si fueran amigos, cara a cara (ver 1a Corintios 13:12).

Él no puede hacer esto con una persona orgullosa. Pero si puede hacerlo con alguien que dependa de Dios, listo para moverse a su más mínima palabra o instrucción. Mientras aprendas eso, cometerás errores. Solo asegúrate de no darte por vencido.

CAPÍTULO 5:

No te opongas

Tal vez recuerdes del capítulo anterior al supervisor John, a quien estuve a punto de despedir. Quiero contar algo más acerca de él. Recordemos que dije haber conocido a John la mayor parte de mi vida, y que era un empleado excepcional. Se me destrozó el corazón cuando supe que él y su esposa estaban a punto de divorciarse.

"¡Esto es una tragedia!" le dije. "Me gustaría ver que arreglen las cosas".

"No, todo se acabó", respondió.

Sentí una gran confianza dentro de mí, y le dije: "¿Sabes? creo que ustedes van a estar juntos nuevamente".

El replicó: "Eso está muy bien, y también me encantaría, pero no parece que sea posible".

Cada que veía a John, le decía que yo creía que él y su esposa estarían juntos nuevamente. ¡Esto continuó por *años*! Él me decía: "Mike, yo estoy ahora con otra persona", o "¡Ya estamos divorciados!" Pero algo dentro de mí no me dejaba aflojar.

Por cerca de cuatro años, le hablé de su vida matrimonial, tantas veces que no las podría contar. Finalmente, un sábado me llamó y preguntó si podía venir a mi oficina. El sábado es mi día privado, en el cual paso dos o tres horas solo, frecuentemente orando por mi compañía. No me gusta ser molestado, por lo cual, en principio, me opuse. ¿Qué necesitas? Le pregunté sin rodeos.

"¿Podría, por favor, ir a hablar contigo?" me pidió.

Vino y se sentó frente a mí. "¿Podrías orar por mí?" Me preguntó. "Quiero aceptar a Jesús, convertirme y ser cristiano".

¡Casi me caigo de la silla! John era un buen amigo, pero era un tipo rudo. Era un hombre duro de la construcción, con una forma de hablar llena de malas palabras y muchos malos hábitos. Había sido mi amigo por muchos años, y me preguntaba si algún día podría cambiar.

¡Y ahora estaba en mi oficina, pidiendo ayuda!

Gozoso, oré con él, levantó sus manos y aceptó a Jesucristo en su vida. Después cuando todo terminó dijo: "Ah, mi esposa y yo estamos juntos de nuevo".

Este hombre rudo de la construcción, lleno de malas palabras y un mal comportamiento vino hacia mí para pedir ayuda y aceptar a Jesús. Él sabía que necesitaba a Dios. Eso requería de verdadera humildad.

John llegó a los pies de Jesús casi un año después de la historia que te conté en el capítulo anterior donde casi lo despido. La humildad abrió las puertas para que viviéramos juntos ese momento. Pero también pienso que fue la humildad lo que le ayudó a restaurar su matrimonio y seguir a Jesús. Las heridas no se sanan siendo orgullosos; solo la humildad puede dar una sanación como esta.

Cuando pienso en el ejemplo de John, acudiendo a Jesús y viendo su matrimonio restaurado, tengo que preguntarme cuántas cosas podría hacer Dios en nuestras vidas, pero no puede porque le cerramos la puerta con nuestro orgullo.

El orgullo tiene consecuencias. No son castigos; nuestro egoísmo y arrogancia nos alejan de las mejores experiencias con Dios. Lo peor de todo es que Él nos ha advertido en la Biblia de las consecuencias de la arrogancia. Pero ¿lo escuchamos?

NO TE OPONGAS

Dios lo dijo por triplicado

Te voy a enseñar algo sobre la lectura de la Biblia. Es algo verdaderamente muy complicado: **Cuando Dios diga algo, escúchalo. Y después hazlo.**

Ahora bien, si en la Biblia está dos veces, ¡presta el doble de atención! Si *está tres veces*, es como si Dios ¡LO ESTUVIERA GRITANDO EN MAYÚSCULAS!

En Santiago 4:6, Santiago cita: *"Dios se opone al orgulloso, pero muestra favor al humilde"* de Proverbios 3:34. Unos versos más adelante, Santiago escribe que seamos humildes delante del Señor, y Él nos exaltará.

También, en caso de que no lo hayas visto, Pedro *cita lo mismo* de Proverbios 3:34 ¡en 1 Pedro 5:5!

Cuando somos arrogantes, es como si nos pasáramos al otro equipo y ahora estuviéramos en el lado opuesto de Él. Lo dejamos. Yo no sé tú, por mi parte quiero estar en el equipo de Dios. Él es mi JMV, (Jugador más valioso) y sé que, a la larga, no triunfaré ni en la vida ni en los negocios sin Él.

Si Dios habló de humildad y orgullo tantas veces en la Biblia, deberíamos escucharle. Dios está tratando urgentemente de comunicarte algo, y es tan importante que llenó la Biblia animándonos a ser humildes y depender de Él, no de aprender de nuestro propio entendimiento. (ver Proverbios 3:5).

¿Entonces cómo podríamos verdaderamente vivir más humildemente y depender de Dios en lugar de en nosotros mismos? Él me enseñó algunas formas que me gustaría compartir contigo.

Reconoce tus errores

En mi industria, trabajo para mucha gente que está menos interesada en terminar un proyecto que lo que está en aparentar con su jefe o con el jefe de su jefe. Cuando estas situaciones se presentan (y siempre se presentan, pues la construcción no es una ciencia exacta), algunos gerentes de construcción llegan a gastar miles de dólares para tapar sus errores y no parezca que fue su culpa. Lo irónico es que, con frecuencia, esos errores se habrían podido evitar con unos cientos de dólares y no miles.

En MRC, hemos creado un estilo de simplicidad para solucionar los problemas. En vez de perder el tiempo señalando culpables, o estar preocupados de cómo nos ven, sencillamente, solucionamos las cosas. Si es nuestra culpa, lo aceptamos de inmediato, buscamos la solución y seguimos adelante.

Esto requiere humildad para reconocer lo que sucedió y luego ocuparse de hacerlo bien. Es muy frecuente que queramos protegernos, pensamos que la arrogancia es la forma, pero no lo es.

Una ex asistente mía debía hacerme una reservación en un hotel en la Florida, donde tenía una gran cantidad de trabajos. Estuve ocupado hasta la noche, y llegué a mi hotel favorito cerca de las 10:00 p.m. para enterarme que no habían hecho reservación de una habitación para mí.

Llamé a mi asistente tratando de solucionar el problema, y aparentemente cuando ella canceló otra reservación, cancelaron la mía también, por alguna razón. Le dije que no me importaba de quien fuera la culpa que solamente me consiguiera un cuarto. "Lo arreglaré", me contestó.

Después supe que ella había pasado tres horas tratando de convencer al personal del hotel de que el error no había sido suyo. Después de todas esas horas, no pude conseguir una habitación, y a la 1:30 de la mañana, terminé manejando media hora para tomar el último cuarto en el hotel más cercano, un cuarto de fumadores, donde, a duras penas, pude dormir un par de horas.

NO TE OPONGAS

La situación era que había muchas habitaciones en hoteles cerca de nosotros, unas horas antes, cuando nos dimos cuenta del problema. Si ella hubiera estado menos preocupada en la apariencia de la falla, y más interesada en resolver el problema, yo hubiera podido dormir un poco más.

El orgullo le impidió arreglar el asunto. Esto a veces, puede costarte el empleo.

El orgullo te hace preocuparte más por cómo te están viendo que por cómo lo estás haciendo. Te va a impedir solucionar el verdadero problema por tratar de controlar el daño en tu imagen. Ser humilde y reconocer los errores —e incluso, responsabilizarnos por los que ciertamente no cometimos, y entonces trabajar para solucionarlos, te puede dar una mejor reputación que cualquier manejo de imagen te pueda dar.

Dios me enseñó esto directamente. Algunos de los propietarios con quienes trabajo son muy ricos y extremadamente arrogantes, llegando a ser muy exigentes.

Estaba trabajando para uno de esos propietarios en una ocasión particular, hicimos una reproducción a escala de cómo podría quedar el resto del edificio. Lucía espectacular, pero el dueño se molestó por el precio de uno de los elementos de la obra. Alterado de manera evidente se fue gritando y despotricando. Me llamó por teléfono y me gritó: "Están despedidos", que no iba a pagar $50.000 dólares por el trabajo que ya habíamos hecho y que, además, me iba a demandar para que le dejara el edificio como estaba.

Lo primero que supe de lo sucedido fue que estaba molesto por el precio de unos andamios. Ciertamente, quedé satisfecho de saber que no había sido culpa de mis empleados. Este hombre estaba siendo completamente irrazonable.

Todo este suceso nos dejaría muy mal parados como compañía, entonces, comenzamos a buscar a Dios en oración. Le dije a mi equipo de oración lo que estaba pasando, pues yo sé que cuando tenemos personas orando, lo sobrenatural ocurre.

Mi pastor sugirió que probara con ayuno (lo cual no me gusta, ya que significa dejar de comer y remplazarlo con oración); pero estaba tan desesperado que decidí intentarlo. Mientras orábamos y ayunábamos, percibí que Dios quería que fuera humilde.

Yo no entendía lo que Él quería decir, pero sentí que debía llamar al dueño. Entonces, lo llamé por teléfono, y de mala gana aceptó hablar conmigo personalmente. Mientras manejaba hacia allá, oraba pidiéndole a Dios que me indicara qué hacer.

Entré y estaba con cinco de sus ejecutivos esperándome. Seguía enojado, gritando y maldiciendo, entonces nos sentamos, y le dije: "Vengo a decirle que siento mucho cualquier falla que hayamos tenido en la comunicación y cualquier otra que mi compañía haya ocasionado en esta situación. Me gustaría hacer el trabajo, pero antes que todo quiero decirle que lo siento mucho".

Se hizo un silencio total en la sala y entonces gritó: "¡Salgan todos!" Yo me puse de pie y comencé a caminar hacia afuera, pero él espetó: "Tú no. ¡Quédate!"

Cuando todos habían salido de la sala, me dijo: "Nunca quise despedirte. Me enojé y no me gusta parecer débil. Quiero que hagas el trabajo, y aprecio el que hayas venido. Me ahorraste la vergüenza". Ese día, se firmó el contrato con MRC, un trabajo de tres millones de dólares. Terminó siendo el trabajo más exitoso que habíamos hecho hasta ese momento.

Esto no hubiera sucedido, si yo no hubiera sido humilde.

Escucha a tu cónyuge

Recordarás que antes en el libro, te platiqué que hay algunas personas de las que debes decidir escuchar con anticipación. Cuando hablen en tu vida, ya debes haber decidido que las escucharás.

Pues bien, una de mis batallas cuando de humildad se trata —y creo que muchos tenemos una como esta —es escuchar con humildad las cosas que mi esposa me indica. A veces, son problemas donde tengo un punto ciego. Algunas veces hago cosas sin pensar. Pero por cualquier razón, puede llegar a ser muy duro aceptar de manera constructiva las críticas que vienen de parte de nuestros cónyuges.

He luchado con esto por años, pero mientras he ido madurando y Dios me ha ayudado con la humildad, he comenzado a pensar: "¿Necesito tener la razón todo el tiempo? o ¿Quiero escuchar a Dios?" Te diré esto: Dios puede hablarte a través de la voz de tu cónyuge, o ignora a tu pareja, bajo tu propio riesgo.

Es muy vergonzoso recibir comentarios constructivos de tu cónyuge cuando te has equivocado. Duele en el amor propio, pero entraña una tremenda cantidad de valor e importancia. Aprender a recibir las críticas constructivas nos coloca en posición para estar en los negocios sobrenaturales.

Solo olvídalo

Algunas veces, cuando no es nuestra culpa, nos lastiman, y el orgullo salta como mecanismo de defensa. Recuerdo una vez en los años 90s que hice unos proyectos con un amigo de la iglesia. El problema fue que él no era bueno en el manejo del dinero y yo no era hábil para darme cuenta de que él no era bueno en este asunto. Le habían pagado el 90% de los trabajos, por adelantado y estaba sin dinero cuando apenas se había hecho la mitad del trabajo. ¡Tuvimos una discusión y abandonó el trabajo!

Nuestro pastor intervino, y me llamó la atención respecto a mi enojo hacia este hombre. Me dijo: "Mike, claramente, no eres tú quien está equivocado, pero si lo perdonas, Dios se encargará de protegerte".

Yo no quería perdonarlo. *¡Estaba enojado! ¡Furioso!* Tendría que verlo cuando se sentara al frente en la iglesia, levantando sus manos y alabando a Dios... mientras yo pensaba si podría golpearlo ¡tirándole mi Biblia en la cabeza!

Simplemente, no podía dejarlo ir. Me había estafado y no tenía forma de terminar los trabajos. Sentía que estaba cargando un peso sobre mis hombros, que me estaba destruyendo.

Terminé hablando con mi pastor nuevamente, y me preguntó: "¿Le has pedido ayuda a Jesús?"

Pensé: "¿De que servirá eso?" Pero lo hice, no por ser religioso, sino porque no se me ocurría ninguna otra idea. Oré y le pedí a Jesús que me ayudara. Le pedí que me ayudara a perdonar.

El perdón es una decisión y un proceso. Tomé la decisión entonces: Perdonaría a ese hombre. El proceso comenzó y el Señor empezó a trabajar con mis sentimientos.

Por el momento, yo tenía que terminar el proyecto. Puse un anuncio buscando ayuda, y un día recibí una tarjeta que decía: "Mi nombre es Manuel. Necesito trabajar. Si no le gusta mi trabajo, no me pague".

Hicimos una cita para encontrarnos en el primero de los trabajos que necesitaba terminar, pero iba un poco retrasado, pues tenía que recoger unos materiales. Llegué y encontré que este hombre, Manuel, había comenzado a trabajar... había completado la mitad del trabajo, ¡usando sus propios materiales! En las siguientes cinco o seis semanas, Manuel y yo terminamos todos los trabajos, solos los dos trabajando juntos.

Nos hicimos amigos, y vi que era muy bueno en lo que hizo. El conocía algunas personas que necesitaban trabajar, y eran muy buenos también en lo que hacían. Primero, su hermano, luego su primo, y después otros más. Finalmente, Manuel manejaba un equipo de veinticinco hombres que trabajaban para mí. ¡Eran impresionantes!

Me querían. En una ocasión le pregunté a Manuel por qué y me dijo con una sonrisa: "¡Tú nos pagas!" Al parecer, ellos también habían sido engañados, al igual que yo. ¡En una ocasión, me dijeron que su meta era hacerme rico!

Una vez, cuando les traje almuerzo a todos, mientras me retiraba manejando comencé a orar: "Señor gracias por estos hombres". Sentí que el Señor me contestó: "Cuando perdonaste, te mandé a Manuel".

Hay una gracia y un poder sobrenatural increíble en el perdón. Puede transformar tu vida y tu negocio, y cuando eres humilde y perdonas, le abres la puerta a Dios para que te bendiga.

Manuel todavía trabaja conmigo. Los dos hemos prosperado. Y lo mejor de todo es que Manuel aceptó a Jesús, se convirtió en un gran evangelista, y ha llevado a más de 250 personas a los caminos de Jesucristo en los últimos veinte años. La humildad y el perdón producen frutos por años.

Bajo la autoridad

Llegar a depender de Dios es especialmente importante, y con frecuencia difícil, cuando Dios te ha dado algún éxito en el negocio. Cuando ocupamos posiciones de autoridad y responsabilidad, es fácil pensar que llegamos allí apoyados en nuestro trabajo duro e ingenio, cuando en realidad, nada podemos hacer sin Él.

El éxito en los negocios trae influencia y, si no tenemos cuidado, se nos puede subir a la cabeza. La gente puede tratarnos con respeto, escucharnos con más atención cuando hablamos y valorar más nuestros consejos. Si no reconoces que Dios es el que te ha dotado de la habilidad para crear riquezas, que solamente puedes hacer todas esas cosas gracias a Él, y que realmente dependes de Dios hasta para tu próximo aliento como todo el mundo, te puedes dar en la cabeza.

Debemos tener cuidado, ¡pues acabamos de aprender que Dios se opone al orgullo! Por consiguiente, ¿cómo podemos prevenir esto? Una técnica es asegurarnos que estamos bajo la autoridad santa.

Janet y yo sentimos que debíamos subordinarnos a nuestro pastor, pues creíamos que era importante tener una cobertura espiritual y de autoridad. Entregué en la iglesia mi programación del mes para que supieran cuando estaba en la ciudad o viajando, y sentimos que esta parte fue importante de estar subordinados a la autoridad. Nuestro pastor apreció mi gesto, y cuando más tarde nos fuimos a otra iglesia, hice lo mismo con nuestro nuevo pastor.

Le pedí que me llamara la atención cuando viera cualquier cosa de mi vida que estuviera fuera de los estándares de Dios de integridad y humildad. Esto le sorprendió. Muchas otras personas exitosas quieren concesiones y trato especial. Si en vez de eso buscamos la humildad y la responsabilidad, nos protegerá del orgullo.

La humildad a la larga trae autoridad, ya que solo podemos tener autoridad cuando estamos bajo La autoridad (ver Mateo 8:9-11). Quizás seas el jefe en el trabajo, pero debes proteger tu vida y cultivar la humildad, sometiéndote voluntariamente a la autoridad espiritual. Hay protección en la humildad.

Si todavía no has tenido éxito, no creas que eso te exonera. Algunas de las personas más orgullosas que conocí eran las *que trataban de escalar posiciones*. Deseaban ser vistos como grandes personajes, y actuaban como si lo fueran, ¡pero ni siquiera han logrado nada todavía!

Podemos tener tendencias a actuar con orgullo, cuando en el fondo, somos secretamente inseguros. Tendemos a ser inseguros cuando confiamos en nosotros mismos en vez de confiar en Dios. Dios me ha mostrado que asegurándonos de que le damos a Él el reconocimiento, nos ayuda a permanecer humildes.

Cuando empecé a salir adelante y progresar manejando el negocio de manera sobrenatural, estaba ansioso de reconocimiento. Quería ser reconocido por lo que estaba haciendo, y lo más probable era que estaba tratando de lucir más exitoso de lo que en realidad era en ese momento.

No es malo buscar reconocimiento, pero desvivirse por ser reconocido debido a que lo necesitas para sentirte bien contigo mismo, es definitivamente arrogancia. La verdad en este asunto es que cuanto más éxito se tiene, realmente menos reconocimiento se desea. Esto finalmente puede resultar bastante frustrante y, en muchos casos, lo que se quiere es pasar inadvertido. En vez de ansiar el reconocimiento de la gente por lo que estás haciendo, lo mejor es señalar a Aquel que merece todo el reconocimiento.

Da reconocimiento a Dios

Recuerdo una conversación que tuve una vez con mis tíos. Fue en el año 2000, y estaban en nuestra casa. Me dijeron: "Mike, a ti y a Janet les está yendo muy bien. Estamos realmente orgullosos de ustedes".

Respondí: "Bueno, hemos trabajado duro, y hemos tratado de tomar las decisiones correctas". Enseguida, sentí como si Dios me dijera: "Y ¿yo qué?"

Realmente no quise ser orgulloso, pero nunca hubiéramos estado en la posición de expandir el éxito si Dios no hubiera comenzado a enseñarnos sobre cosas como la integridad, dándonos su favor y negocios sobrenaturales. Parte de ser humildes es no apropiarnos del éxito y más bien dar reconocimiento a Dios.

He oído a incontables personas decir falsamente al recibir un elogio por su éxito: "Bueno, tú sabes, gracias a Dios". No quiero decir que seamos falsos de esa manera. Requiere práctica, pero vale la pena: Quítate la máscara, sé humilde y transparente, y di a la gente que nunca lo hubieras podido lograr sin la ayuda de Dios.

Si no hay nada más, considera esto: ninguno de nosotros es una isla. Nunca hubiéramos podido tener éxito sin la ayuda de la gente a nuestro alrededor. Sé que nunca hubiera podido llegar a donde estoy sin Janet, mi vicepresidente titular, Dave y muchos otros.

He tenido gente que me ha dicho que Dave es el mejor hombre en construcción que han conocido. Si yo hubiera sido inseguro y lleno de orgullo, eso me hubiera hecho sentir resentido. Una vez, hace tiempo, recuerdo que alguien me dijo: "Sin él, tu compañía no sería nada". Yo salí de ese lugar, diciendo: "Dios mío, ¿y yo qué?"

Sentí que Dios me dijo: "Ese eres tú". Cuando la gente que trabaja a tu alrededor lo hace bien, es lo mismo que *tú* haciéndolo bien. Cuanto más reconozcas el éxito de *otros*, realmente es *tu* éxito, cuanto mejor lo puedas hacer en los negocios, lo más probable es que permanezcas humilde.

Sé muy lento para atribuirte el éxito y muy rápido para señalar la genialidad en otros y la bondad de Dios, porque ambas son como un regalo de no orgullo para tu alma. Cada vez que alguien te haga un elogio, practica recordándote a ti mismo que dependes de Dios. No seas falso; haz una pausa y recuérdate a ti mismo que no todo es por ti. Recuerda que dependes de Dios hasta para respirar y que nada puedes hacer sin Él.

¿Tienes un problema?

Una de las cosas más dañinas del orgullo es que cuando estamos llenos de él es muy poco probable que se lo confesemos a alguien. Pensamos que tenemos todo bajo control, e inclusive tratamos de convencernos nosotros mismos de que no somos orgullosos, pero es porque que somos demasiado orgullosos para pedir ayuda. Hasta ahora, la única forma de superarlo es admitiendo que necesitamos la ayuda de Dios y de los que nos aman.

Esto me recuerda a mi padrastro. En 1990, mi madre fue la primera de la familia en dejar el alcohol y estar limpia. Yo todavía estaba consumiendo drogas y cuando ella sanó, comenzó un programa de doce pasos. En 1992, me convertí al cristianismo y tuve un encuentro con Dios y declarado libre de la adicción. No estuve involucrado en los doce pasos y en cambio fui a la iglesia. Mi madre conoció a Jesús cerca de dos años después. Más adelante, todos los miembros de mi familia se convirtieron al nacer de nuevo en Cristo, excepto mi padrastro. Todos fueron liberados de las drogas, menos mi padrastro, quien finalmente lo hizo en el 2010.

Mi madre es una mujer increíble y fue muy paciente, pero finalmente le dijo: "¡Tienes que dejar el alcohol!" Las drogas habían alterado su mente, pero rehusaba admitir que tenía un problema. Decía que éramos nosotros los que teníamos problemas y que él no los había tenido nunca con las drogas o el alcohol, y que estaba bien que dejáramos el alcohol y buscáramos a Jesús pero que él no lo necesitaba.

Finalmente, mi madre tuvo que irse. Él no buscaba ayuda; pensaba que no la necesitaba. Eso le costó su matrimonio con una mujer maravillosa y piadosa.

No permitas que el orgullo te salga caro.

En la Biblia, Dios dice repetidamente —si estas lleno de orgullo, Él se te opondrá. Yo no sé tú, ¡pero yo no quiero a Dios oponiéndose a mí! quiero estar en Su equipo.

El orgullo es un estado. Es como estar enfermo. Cuando estás enfermo, buscas tratamiento y mejoras. El orgullo no es nada diferente. Nadie quiere estar infectado con eso; el orgullo puede sabotear cada cosa buena en tu vida, como le sucedió a mi padrastro.

Si estás luchando en esa área, comienza por admitirlo delante de Dios. La Biblia dice que debemos confesar nuestros pecados los unos a los otros para que podamos ser sanados (ver Santiago 5:16). Necesitas personas en tu vida que puedan reprenderte si ven el orgullo en ti.

Puedes comenzar ahora mismo, díselo a Dios. Confiésate con Él: "Señor, tengo un problema de orgullo, necesito Tu ayuda. Por favor, enséñame a vivir en humildad". Habla con tu pastor o un amigo de confianza, responsabilízate de tus errores, perdona y sométete a la autoridad de personas de confianza y autorízalos a que te mantengan responsable.

Vale la pena. La humildad es el camino para ser elevado por Dios a las alturas que Él quiere para ti y que son mucho mayores que las que puedas obtener tú mismo con orgullo. Si quieres que Dios te eleve, ya es el momento de dejar atrás el peso del orgullo y experimentar el poder bajo el control perfecto.

CAPÍTULO 6:

Ayudar a otros es la clave de la grandeza

Un negocio sobrenatural requiere que nos sirvamos los unos a los otros, a nuestros clientes, a nuestros empleados y a otros, con un ánimo que solo se presenta cuando hemos pasado tiempo con Jesús en oración. No se puede servir verdaderamente a la manera de Dios si no se es humilde, si no se depende de Dios y no se practica la integridad. Si tratas de hacerlo por tu cuenta, rápidamente te quedarás sin fuerzas, sin paciencia y sin el beneficio. Necesitamos que Dios nos empodere para servirle de la forma que Él nos llama a hacerlo.

Dios me ha mostrado esto en diferentes momentos de mi vida y en uno de esos me mostró de manera especial como la humildad y el servicio se complementan. Habíamos estado trabajando durante unos años con una gran compañía, multimillonaria, cuando contrataron a un brillante gerente de proyectos. Él me dijo: "Mike, voy a comenzar a hacer estas remodelaciones al más alto nivel, como nunca lo había hecho nuestra compañía".

"Maravilloso", contesté. "Quiero ser parte de eso".

Me dijo: "Para este proyecto, no contamos con el presupuesto necesario para lo que quiero hacer. ¿Me podrías ayudar a conseguirlo?". Con absoluta seguridad podemos hacerlo le dije, y comenzamos a trabajar juntos para lograr mayor eficiencia, reducir los gastos y así poder disponer de fondos para lo que él quería hacer. Logramos significativos resultados en lo que pretendía alcanzar, pero tenía algunas cosas más que quería hacer y no había fondos para realizarlas.

"Me podrías ayudar un poco más?" me preguntó.

Me vi obligado a contestarle que no podía hacer todo eso gratis. Ya te he dado lo que estaba a mi alcance y es todo lo que puedo dar".

"Escúchame", contestó: "Tenemos un próximo proyecto y, si me ayudas con este, podrás recomponerte con el siguiente".

No estaba muy convencido, y con razón. Hacía mucho, había aprendido que todo proyecto tiene que financiarse a sí mismo y que si las cosas no están escritas es como si no existieran. En ese momento, estaba en crecimiento en los negocios, entonces acepté hacer lo que él me pedía, pues era una práctica común en la construcción.

Un par de semanas más tarde, el gerente de proyectos me pidió pasar por las oficinas de la compañía. Pensé que íbamos a firmar el nuevo contrato, pero en vez de eso me dijo que, aunque estaban contentos con el trabajo que habíamos acabado de terminar, el nuevo proyecto se lo iban a otorgar a otro contratista.

Perdí completamente el control. Estaba absolutamente furioso, y no era un maravilloso acontecimiento. Cuando llegué al piso de abajo, sentí que Dios me recordaba: *"Pase lo que pase, condúzcanse de una manera digna del evangelio de Cristo..."* (Filipenses 1:27a).

Pase lo que pase...

Dios quería que me comportara como la nueva persona que era (no como el tipo que vendía drogas atrás de la escuela), sin importar lo que pasara. De inmediato, me sentí culpable de mi enojo y llamé a mi oficina para dictar un email a mi asistente (esto fue antes de los teléfonos inteligentes). "Heather, acabo de perder la calma con una compañía multimillonaria. Me engañaron. Quiero enviarles un email, que diga: "Siento mucho haberme enfurecido, pero ustedes me engañaron. Pero que parezca muy profesional".

AYUDAR A OTROS ES LA CLAVE DE LA GRANDEZA

Ella sugirió esto: "Quiero pedirles disculpas por la manera en que exploté, pero creo que mi molestia es justificada". Eso sonaba bien, por tanto, le dije que lo enviara.

Mientras Dios estaba ocupado en el manejo del asunto y con mi ira, Heather me informó: "Acaban de contestar su correo". Le pedí que me lo leyera. Decía: "No tengo claro porque estás tan enojado. Tal vez podamos hablar sobre esto dentro de poco".

¡Volví a enojarme! Pero seguí aferrado a Dios, no como una obligación religiosa, sino porque estar enojado no es una manera productiva de vivir y no es un buen sentimiento. Sentí que el Señor me decía: "Deja que pase tu enojo".

El Señor me estaba enseñando a ser humilde y todo lo que implica servir e ignorar las ofensas. También lo estaba haciendo, mostrándome un principio para todos los negocios sobrenaturales: Cuando estás enojado, no puedes obrar en lo sobrenatural. Ni siquiera puedes funcionar bien en lo natural. Cosas van a suceder y debemos aprender a dejarlas pasar y confiar en Dios cuando no salen como quisiéramos. Que nuestra meta sea el comportamiento de Jesús: *"No respondía cuando lo insultaban ni amenazaba con vengarse cuando sufría. Dejaba su causa en manos de Dios, quien siempre juzga con justicia"* (1 Pedro 2:23).

Sé amable

Casi una semana después, el gerente de proyectos me llamó: "Mike, el otro contratista no puede hacer el 10% de un trabajo. No es su especialidad. ¿Querrías hacer ese 10%?

Eso fue como una bofetada. Sentí que Dios me apremiaba a que fuera amable. Le contesté haciendo una mueca que no podía ver por teléfono: "Me encantaría".

Una semana después, me llamó de nuevo. Ya se me había pasado el enojo por lo acontecido, y realmente lo había olvidado. Me dijo:

"Mike, me acabo de enterar que hay otro 5% del trabajo que el contratista tampoco puede hacer".

Le contesté: "Ya estoy haciendo el 10%; claro que haré el otro 5%" Para ese momento, ya había superado mi enojo y entonces fue fácil ser amable.

Como si fuera una señal, una semana después me volvió a llamar. Me preguntó si todavía estaba en la oficina (eran las 6:30 p.m.), y todavía me encontraba allí; quedamos en que vendría para tener una charla. Se dejó caer en una silla en mi oficina y admitió que el contratista no podía hacer el 100% del trabajo. Que no estaba capacitado. ¿Estarías dispuesto a hacer el trabajo completo?"

"Claro que sí", contesté".

Agregó: "Yo sé que nos hiciste descuentos en el anterior trabajo, por lo tanto, te daremos el contrato más cincuenta mil dólares adicionales". Firmamos el contrato y, finalmente, fue un trabajo tremendamente exitoso. Por medio de esto, Dios me enseñó mucho.

Sin embargo, eso no fue lo mejor de todo. Seis meses más tarde, el gerente de proyectos me llamó y me dijo: "Hola Mike, solo quería contarte que fui a la iglesia la semana pasada y levanté mi mano para aceptar a Jesús. Tú eres la primera persona a la que quise llamar para contarle. La forma en que me trataste en el proyecto fue fundamental en mi decisión de conversión al cristianismo".

Como un brillante arquitecto que es, me ha estado ayudando en la construcción de muchas iglesias y se ha convertido en un amigo muy apreciado. Él y su esposa son miembros de la junta de su iglesia, y él ha participado en muchos de los eventos ministeriales que he realizado por años. Esta relación nunca hubiera florecido, si Dios no me hubiera ayudado a manejar mi ira. Por haber sido humilde, pudimos servir a esa compañía y a su gerente de una forma en la que pudo surgir una larga amistad y una relación duradera entre nuestras compañías.

AYUDAR A OTROS ES LA CLAVE DE LA GRANDEZA

Ayudar a otros es la clave de la grandeza. Jesús lo explicó claramente: Si alguien quiere ser grande, si alguien quiere ser el primero, si alguien quiere ser un líder, debe asumir ser servidor (ver Mateo 20:25-27). Jesús dice, además, que Él *"no vino a ser servido, sino a servir..."* (Mateo 20:28). Si Jesús pensaba así de Él mismo y nosotros queremos parecernos a Él, entonces podemos estar seguros de que nuestro llamado es servir a los demás de la manera como lo hizo Él.

Cambia el ambiente

De vez en cuando, me he sentido como que solamente he estado organizando proyectos de construcción, incluso a sabiendas de que ese no era mi verdadero llamado. Recuerdo haberle preguntado a Dios: "¿Cuál es mi tarea?" Sentí que me decía que mi tarea era encaminar a las personas con quienes trabajo a tener éxito. Mi tarea es servir a las personas con quienes trabajo. Recordemos que el Señor me había dicho que, si mi gente lo estaba haciendo bien, era como si yo lo estuviera haciendo bien; esto es a lo que Él se refería.

Cuando comenzamos a estudiar las necesidades de nuestros proveedores y subcontratistas, encontramos que lo único que querían era que les pagáramos en la fecha prometida. Aún recuerdo cuando era subcontratista y no lograba que los contratistas generales me pagaran, llegando a perseguirlos hasta sus casas tratando de lograrlo. Decidí que cuando fuera contratista general, le pagaría a tiempo a mis subcontratistas. Cuando se recibe el pago no se está preocupado y la gente trabaja mejor. Las personas satisfechas llegan a ser más creativas para hacer las tareas de manera efectiva y eficiente.

El libro de los Proverbios nos dice que no retengamos el bien cuando está en nuestras manos hacerlo (Proverbios 3:27). Ahora en MRC, pagamos antes de que nos paguen a nosotros. Mientras escribo esto, en el mercado hay más oferta de trabajo para subcontratistas de lo que pueden hacer, por lo tanto, tienen la opción de decidir con quien trabajar. Nos eligen a nosotros por el trato que les damos;

pero no fue en este momento que comencé ese tratamiento. Lo venía haciendo hacía muchos años y hoy estamos saboreando los frutos de haberle servido a nuestros subcontratistas y proveedores, simplemente pagándoles oportunamente.

Caímos en cuenta de que los subcontratistas y proveedores necesitaban producir para obtener utilidades. Paso tiempo orando por ellos y Dios comenzó a mostrarme que mi trabajo era incrementar su valía. Instruimos a nuestros directores, pues había algunos jefes que se enseñoreaban con la gente por la posición que ocupaban y queríamos que los nuestros sirvieran a los que trabajaban para nosotros. Hay una etapa corta en la que se aumenta la presión al subcontratista para presentar su proyecto, pero una más larga para ganar, creando una buena atmósfera de trabajo.

El mejor ambiente es una relación de cooperación entre el dueño, el personal de la empresa, los subcontratistas y los proveedores. Esta atmósfera de cooperación solo se presenta cuando hay una actitud donde todos se benefician.

Si procuro que los dueños ganen, que los subcontratistas ganen y mis empleados sean valorados, se crea una atmósfera para nuestros proyectos donde lo sobrenatural ocurre. Definitivamente, tengo la misión de cambiar el ambiente en mi hogar, en mi iglesia, en mis amigos, en mis sitios de trabajo y en cualquier parte donde vaya. Mi deseo es que todos ellos tengan un ambiente positivo.

Busca formas de servir

Si el ambiente que te rodea no es sobrenatural, ensaya servir en ese lugar. ¿Qué puedes hacer? Me gusta saber lo que alguien está tratando de conseguir y saber cuál es el objetivo que quiere alcanzar. ¿Cuál es tu objetivo final? He aprendido que todos los trabajos son diferentes y las prioridades cambian, aun cuando trabajemos con los mismos clientes.

AYUDAR A OTROS ES LA CLAVE DE LA GRANDEZA

Podría parecer que no es necesario decirlo, pero la primera responsabilidad para servir a mis clientes es hacer lo que firmamos en el contrato. Me asombra ver tanta gente que no entiende que cuando se acepta trabajar para alguien, se trabaja *para* esa persona. Pero ahondemos un poco más: Mi tendencia para con los clientes es entender que es lo que necesitan, lo que quieren lograr y entonces, ayudarles a alcanzarlo. Voy tras su visión y les ayudo a realizarla; eso es servirles.

Una de las mejores maneras con que contamos para tener la oportunidad de servirle a MRC es que yo me siento en mi escritorio como presidente de la compañía y pienso de esta manera: "¿Qué quiero para mí mismo?" y "¿Qué puedo hacer para que esté disponible para las personas que trabajan para MRC?"

Cuando era un joven hombre de negocios y tenía hijos pequeños, deseoso de mirarlos en sus juegos, necesitaba tiempo para ir a verlos participar en sus actividades deportivas o para ir a las conferencias de padres y maestros. Fue entonces cuando iniciamos el horario flexible, permitiéndole a nuestros empleados llegar a la oficina a cualquier hora entre las 7:00 a.m. y las 5:00 p.m. y poder trabajar ocho horas al día sin tener que hacer uso de las vacaciones o si necesitaran dos horas para el almuerzo, o llegar más tarde, pudieran hacerlo. En la vida real, suceden cosas que la gente necesita resolver en su diario vivir para lo cual se necesita tiempo. Me di cuenta de que cuando las personas disponían del tiempo para resolverlas, se quitaban un gran peso de encima. No hay duda de que la gente trabaja mejor cuando no tiene preocupaciones. A mí también me gusta tener tiempo libre para estar con mi familia, entonces le dimos a los empleados de MRC un día libre extra con pago para que pudieran pasar más tiempo en Navidad con sus familias.

Hemos tratado siempre de impulsar a la gente hacia un nivel superior. Lo hacemos guiándolos y entrenándolos. Esto naturalmente comenzó a partir de mí, incluido todo el personal subalterno. Hicimos de esto una cultura, observando a las personas que supervisamos y que desearan escalar posiciones, para invertir tiempo en ellos, guiándolos y entrenándolos. Hemos tenido muchos trabajadores en MRC que han llegado a ser encargados y luego administradores, por lo cual mantenemos esta cultura de desarrollo personal. Pienso que esta ha sido una de las mejores maneras de servirle a la gente, proporcionándoles la oportunidad de crecimiento en sus trabajos. Todo el mundo anhela lograr crecimiento en sus profesiones.

Siempre tratamos de crear un ambiente amable en nuestros sitios de trabajo donde algunos proveedores nos regalan diferentes productos. Los rifamos y regalamos en los lugares de construcción, lo cual es muy emocionante. Buscamos maneras de dar bonos a los empleados por su buen desempeño y les compramos herramientas y equipos. Contar con más herramientas aumenta la capacidad y eficiencia para hacer el trabajo e incrementar los ingresos.

Somos consistentes en la búsqueda de cosas que pensemos puedan ser de ayuda para el desarrollo y crecimiento personal e incremento de la valía de nuestro personal. Nuestros trabajadores tienen que manejar largas distancias para llegar al trabajo. Por tanto, establecimos la política de reembolsar el 50% de la gasolina a quien lleve un compañero al trabajo. Hacíamos esto cuando el galón de gasolina estaba a más de $5 dólares. Cuando establecimos esta política, más del 50% de nuestros empleados empezaron a compartir su carro.

Había un tope del 50% de reembolso para dos personas en un carro, entonces aumentamos el reembolso al 100% con un tercer pasajero. Esto fue un acuerdo tan bueno que a los tres meses el 80% de nuestros trabajadores estaban usando esa manera de transporte.

Naturalmente, esto les ahorró una considerable cantidad de dinero y añadió valía a las personas. A la postre, eso no se convirtió en un gran desembolso para MRC. Haber hecho esto, incrementó de gran manera la valía de los trabajadores. Hasta el presente, mantenemos el programa de reembolso y el compartir vehículos.

AYUDAR A OTROS ES LA CLAVE DE LA GRANDEZA

Posteriormente, mi pastor me comentó que una familia de nuestra iglesia que tienen un hijo en UCLA (Universidad de California Los Ángeles), elaboró un caso de estudio con el programa de reembolso de gasolina en MRC. UCLA consideró que era una excelente idea y de gran significado para los negocios, terminando por usarlo como tal.

Alrededor de los años 2002 o 2003, uno de mis empleados más antiguos me buscó y me contó que estaba teniendo dificultades en su matrimonio. Creía que él y su esposa se iban a separar. Le pregunté cuál era el problema. Me dijo que su esposa pensaba que le estaba siendo infiel. Entonces, le hice la pregunta obvia: "¿Le eres infiel a tu esposa?" Me dijo que no estaba siendo infiel, pero que su suegra le estaba diciendo a su esposa que él la estaba engañando. La suegra había sido engañada por su marido y entonces, decía a su hija constantemente que yo le era infiel y que mantuviera los ojos abiertos.

Se presentó la oportunidad de un trabajo a unas doscientas millas al Norte de California. Le ofrecí trasladarlo allá con su familia y poner distancia entre sus suegros. Tenía la esperanza de que eso podría ayudarle a esa familia. Se fue a casa, habló con su esposa del asunto y convinieron ensayarlo. Terminaron enamorados nuevamente. Tenían dos hijos y finalmente les llegó una niña. La distancia con los suegros benefició de gran manera su relación de pareja. Esto incrementó los valores de esa familia, en lo cual mi aporte fue solamente brindar una oportunidad. Como empresa, si pensamos de esa manera y actuamos con la intención de servirles a nuestros empleados, se crea una cultura que atrae a personas razonables.

Servir a los clientes

He aprendido que servir a los clientes cambia de un trabajo a otro. Algunas veces, es ayudar a cumplir con algo lo más pronto posible —incluso si cuesta más dinero. He tenido clientes que me preguntan si podríamos terminar el trabajo antes, aunque la programación estuviera acorde con la fecha en el contrato. Tuve un cliente que nos ofreció $150,000 extra si terminábamos sesenta días antes de lo acordado. Cambiamos el calendario para que ellos pudieran unir el proyecto junto con otro que estaban financiando, un servicio que sin ninguna duda les ayudó a ellos y a mí.

Un contrato es algo obligatorio de cumplir, pero servir implica encontrar la forma de hacer más de lo pactado. ¿No es encantador cuando hacen eso con uno? Cuando mi asistente va más allá de los detalles mundanos de su trabajo para poder cumplir con la ayuda que necesito, me doy cuenta. Eso exige voluntad y mentalidad de servicio, y eso hace la diferencia.

En MRC, estamos siempre buscando formas de servir a nuestros clientes. Esto puede significar que al enterarnos de que nuestro cliente necesita alquilar los apartamentos de tres dormitorios, entonces le damos prioridad para terminarlos primero y ayudarle. Fruto de nuestra experiencia es que podemos ver situaciones en que los clientes pueden correr riesgos; procuramos instruirlos ayudándoles a idear formas de resolver estos problemas.

En el primer trabajo que hice para aquella compañía multimillonaria, apenas estaba dando mis primeros pasos en edificios multifamiliares. Estaba muy emocionado, pues era mi primer gran proyecto y estaba aprendiendo sobre el concepto de servicio. Cuando les dije que estaba muy entusiasmado con el trabajo y quería contribuir al éxito, respondieron rudamente que todos decían lo mismo pero que la experiencia mostraba que los contratistas solo querían su dinero.

No obstante, los convencí de que en verdad yo aspiraba a contribuir al éxito y, por consiguiente, dijeron que estaban dispuestos a ello. El gerente general no creía que pudieran realizar el proyecto y tampoco estaba seguro de obtener las utilidades que esperaba. Los dos gerentes de nivel medio con los cuales estábamos trabajando temían ser despedidos si el proyecto no se terminaba en seis meses. "Nosotros te apoyamos", me dijeron. No confiamos en ti, pero te apoyamos".

AYUDAR A OTROS ES LA CLAVE DE LA GRANDEZA

Cuando hablé con el director de mi equipo de trabajo, hicimos cálculos y encontramos que se necesitarían treinta y ocho semanas, lo que indicaba que serían doce semanas más. Peor aún, pues había que esperar tiempo de secado e inspecciones y esto tomaba una semana por edificio; no había forma de terminar un edificio más pronto, a menos que tuviéramos más de un equipo trabajando.

Necesitaríamos un segundo equipo trabajando en otro edificio para lograr terminarlo a tiempo. Desde el comienzo de mi carrera, he estructurado mi negocio enfocado en las necesidades de mis clientes; entonces hicimos lo que teníamos que hacer: contratamos a otro equipo. (De hecho, la reputación de que gozaba MRC por terminar las obras más rápido que los demás, es en parte por situaciones como esta).

Finalmente, no entregamos los edificios en veintiséis semanas como ellos los necesitaban. Realmente lo hicimos en tan solo diecinueve semanas.

Esta compañía multimillonaria nos dio todos los trabajos durante siete años, y uno de aquellos gerentes de nivel medio fue ascendido a director general, luego a vicepresidente ejecutivo medio y finalmente, a vicepresidente ejecutivo superior. ¡Y lo mejor de todo fue que aceptó mi invitación de ir a la iglesia, y terminó levantando su mano para aceptar a Jesús! El otro gerente ejecutivo medio tomó otra dirección y creó su propia compañía, y cuando necesitaba un socio para hacer algún trabajo de construcción, terminaba pidiéndome que nos uniéramos. Aprendí muchas cosas con él que hasta hoy han sido de gran valor para mí, y aún conservo la amistad con estas dos personas.

Cuando haces un contrato, te obligas a hacer lo que aceptaste o dijiste, pero ser servidor significa ir más allá y buscar diligentemente maneras de incrementar el valor de la relación. Esto quiere decir hacer más del mínimo y buscar con diligencia maneras de servir mejor en sus necesidades.

El orgullo impide el buen servicio

Hemos abordado primero el tema de la integridad y la humildad, pues no podemos servir eficientemente sin trabajar en esas dos áreas. Esto lo conozco de primera mano. La excelente relación que tuvimos con la compañía multimillonaria se terminó porque no fui el modelo de esos principios de servicio, y aprendí una costosa lección.

El gerente de construcción de ese tiempo quería que hiciéramos rápidamente un trabajo en unos edificios de apartamentos, para poder venderlos durante un tiempo específico, básicamente, lo más rápido posible. No necesitábamos permisos para los trabajos que estábamos haciendo y, además, no teníamos que reparar algunas de las imperfecciones que normalmente ocurren mientras se trabaja, para poder terminar más rápido. Lo hicimos en un edificio y le gustó el trabajo. Nos dijo, entonces, que hiciéramos lo mismo en las demás estructuras en ese proyecto.

El gerente fue ascendido y el que lo reemplazó vino a revisar una de las obras y notó que este no era el tipo de trabajo al cual estaban acostumbrados a recibir de parte de MRC. Traté de explicarle que no estábamos reparando algunas cosas porque su jefe quería que lo hiciéramos más rápido, pero él no había recibido esa información. Lo único que él sabía era que no estaba a la altura de nuestros estándares.

El gerente de construcción que había sido ascendido estaba muy ocupado para llegar hasta el lugar de la obra, así que, envió a un representante. Le expliqué lo que habíamos convenido con su jefe, pero él tampoco sabía sobre esto. Entonces el superintendente me dijo directamente: "Escúcheme, yo no acepto esto".

Me enojé con él. "Tú solo tienes que callarte. No sabes lo que pasó" le dije. Pues bien, primero que todo, nunca es bueno mandar a callar a la persona para quien se trabaja. Es perjudicial para los negocios. Estaba siendo arrogante. No estaba buscando la forma de servir. Estaba frustrado.

Aunque yo tenía la "razón", y estábamos haciendo lo que nos habían solicitado, me equivoqué en el trato en vez de servir, y esto me costó. Este superintendente nos vetó con la compañía multimillonaria que nos ayudó a establecer nuestro negocio. Esto puso fin a una fructuosa relación de siete años. No hemos vuelto a trabajar para ellos desde esa época.

Obviamente, esto no era servir a la manera de Dios. Esto fue complacer a mi propio orgullo y me costó. El orgullo impide el verdadero servicio. Estamos para servirle a la gente porque cada uno de ellos tiene un valor extraordinario para Dios, no porque se "lo merezcan".

Primordialmente, debemos servir a otros como si estuviéramos sirviéndole a Dios. Pablo escribe: *"Cuando sirvan, háganlo de buena gana, como quien sirve al Señor y no a los hombres, sabiendo que cada uno de nosotros, sea siervo o libre, recibirá del Señor según lo que haya hecho..."* (Efesios 6:7-8).

Servir y proteger

Mencioné anteriormente la parte sobre servir a nuestros clientes, ayudándoles cuando están en situación de riesgo, tal como sucedió con los dos gerentes de la compañía multimillonaria en la que sus puestos dependían del cumplimiento de nuestro proyecto. Al servirles, los protegimos. De esa manera, es como MRC ha construido su reputación.

Pero esto no lo hacemos solamente con nuestros clientes. Mi vicepresidente, Dave, lo hace protegiéndome a mí, a nuestra compañía y, por supuesto, a nuestros empleados, proveedores y subcontratistas manteniendo en marcha el negocio. Como ya lo he dicho, también me ayuda en cuanto a la reflexión; Dave es muy conocido por ser una de las mejores personas y más brillantes en la industria de la construcción.

Recuerdo una vez que Dave y yo fuimos a la ciudad de San Diego, la cual es lejos de nuestras oficinas, para verificar un proyecto en el que estábamos trabajando para un cliente nuevo. De inmediato, nos dimos cuenta de que había problemas, por tanto, Dave me dijo: "Mike, uno de nosotros debe quedarse aquí. Yo soy mejor en este tipo de asuntos, así que, ¿por qué no me dejas aquí?"

Tome un tren para volver a casa… y Dave se fue a Walmart a comprar ropa interior limpia. No habíamos llevado nada, pues no teníamos pensado quedarnos allá. Dave estaba sirviendo a la compañía y también me estaba sirviendo a mí, pues él sabía que era mejor que yo para ese tipo de asuntos. (Es lo mismo que si fuera a viajar en un bote, Dave sabe que no soy técnico, entonces me acompaña, pues no quiere que me pase algo).

Servir y proteger es uno de los mejores trabajos de seguridad que puedes hacer. Dave fue en realidad quien me ayudó a comenzar a trabajar en viviendas multifamiliares al llevarme a esa inmensa compañía en la cual trabajaba a mediados de los años 90s. Cuando estuvo disponible, nos unimos como equipo en septiembre del 2000 y no hemos dado marcha atrás. Desde entonces, hemos estado sirviendo a nuestros clientes, el uno al otro y a la compañía desde entonces, y Dios ha usado esto para permitirle a MRC tocar muchas vidas.

Sirve a través de la oración

La oración es la manera más significativa para valorar, ayudar y ministrar a aquellos a tu alrededor. Dejé esto para el final porque la oración no debe reemplazar la ayuda física para servir a la gente. La oración es, sin embargo, la manera más importante en la que podemos servir. Después de todo, como mencioné antes, la oración es el pilar del negocio sobrenatural.

En 2004, mi pastor me llamó para decirme que el Señor le había mostrado que, si yo dedicaba un tiempo significativo en oración, Dios me revelaría que debería hacer en la próxima etapa de mi vida. Siempre he pensado que debo escuchar lo que mi pastor me dice, pues es una persona influyente en mi vida. Entonces, comencé a orar durante el

AYUDAR A OTROS ES LA CLAVE DE LA GRANDEZA

trayecto de ida y vuelta al trabajo. Cada trayecto tomaba de quince a veinte minutos y comencé a orar durante ese tiempo, además de mis oraciones cotidianas.

Después de casi un mes de estar haciendo esto, Dios comenzó a mostrarme que, así como tenía que ser el líder espiritual en mi casa, también tenía que ser el líder espiritual en mi negocio. Este es un componente decisivo para tener un negocio sobrenatural.

Todo el mundo quiere que alguien lo cuide. Comencé a entender que yo era ese "alguien" para mis empleados; quiero lo mejor para ellos, lo que sea útil y las cosas que puedan ser de beneficio. Me di cuenta de que una de las maneras más importantes en la que podía servir a las personas con quienes trabajo, empleados, clientes, proveedores, era orando por ellos. Oraba para que tomaran las decisiones correctas y que pasaran cosas buenas en sus vidas.

Al principio oraba por mis clientes para que me dieran más contratos, pero sentí que Dios me preguntaba: "¿Piensas que eso es lo importante para mí?" Esto cambió mi forma de orar, y comencé a hacerlo para que ellos conocieran al Señor. Si ellos conocían a Dios, pediría para que lo conocieran mejor. Oraría por sus familias, sus matrimonios, y por sus hijos —o cualquier cosa que se me ocurriera pensar.

Orar por las personas, cambia la manera en que les sirves y terminarás amando a aquellos por quienes haces oración. El amor cambia la manera en la que tratamos a las personas, al igual que la forma de relacionarnos con ellos y la gente percibirá la autenticidad.

Cuando se ama a la gente sinceramente, lo manifiestan. Esto lo sé porque estando en República Dominicana me reuní con las iglesias que Janet y yo ayudamos a fundar. Hablaba con David uno de los miembros del equipo de oración. El trabajo de David es orar por Janet y por mí, por nuestros negocios y nuestros hijos. Yo iba conduciendo y David me dijo: "Mike, yo te amo sinceramente".

Contesté: "Muy amable de tu parte".

Entonces repitió: "Mike, yo te amo, de verdad te amo".

Le dije: "Eso es realmente maravilloso". Lo repitió por tercera vez, y comencé a sentirme un poco raro porque él era un hombre y yo también, pero continuó diciéndome cuanto me amaba. Después de haber dicho esto, añadió: "No es posible orar por alguien tanto como lo hago por ti y no amarte".

Vas a amar a aquellos por quienes estés orando. ¿Por quién estás orando?

Comencé a orar por mis proveedores para que fueran exitosos en sus trabajos y tuvieran buenas ideas. Oraba para que disfrutaran aumentando sus ganancias y su capital de trabajo y le pedía a Dios por ideas para hacer su trabajo mejor y más eficientemente.

Cuanto más oraba por otros, Dios hacía más esas mismas cosas por mí también. Al principio no caí en cuenta de lo que estaba pasando, pero un día estando en mi oficina, orando por mis proveedores, observé que en tres de nuestros trabajos obtuvimos un aumento en las ganancias, lo cual era lo mismo que le estaba pidiendo a Dios que hiciera por ellos.

No comencé a orar por otros para sentir la bondad de Dios, pero seré honesto: cuando me di cuenta de la consecuencia, fui impulsado a hacerlo aún más apasionadamente. No servimos para ser bendecidos, sino para servir a otros, especialmente al orar por ellos, tiene un resultado natural de parte de Dios; cosas buenas para nosotros y para ellos.

No solo vimos a otros siendo bendecidos por nuestras oraciones, sino a más de mil personas y aún más conocer a Jesús por medio de nuestra compañía. Personas han sido sanadas y hemos visto matrimonios restaurados. Dios ha liberado a mucha gente y los ha bendecido grandemente y ha transformado sus vidas, en lo cual hemos tenido una participación al orar por ellos.

AYUDAR A OTROS ES LA CLAVE DE LA GRANDEZA

Te dije que el negocio sobrenatural comienza con oración, pero no es orar solo por tu negocio. Puedes comenzar con eso, pero no te detengas allí. Sirve a todos a los que tocan tu negocio con oración. A medida en que auténticamente les sirvas y ores por ellos, observarás como Dios hace cosas asombrosas en sus vidas —y en la tuya.

CAPÍTULO 7:

Ármate de valor

El verdadero valor no es la ausencia del temor. Ser valiente es proceder, incluso cuando experimentamos temor. El temor nos lleva a creer lo que es diferente a la verdad de Dios. Necesitamos fe en Dios y ser valientes para poder proseguir y vencer.

Uno de los mayores temores del ser humano es lo desconocido. Muchas veces, tememos a lo que no entendemos. Puedo recordar cuando Dios comenzó a trabajar con el miedo que había dentro de mí. Alrededor del año 2000, MRC había experimentado mucho éxito por medio de un gran proyecto de una compañía multimillonaria. Formamos dos equipos y finalizamos el proyecto en diecinueve semanas en vez de veintiséis. Hasta ese punto, solo habíamos operado por medio de mis conocimientos y comencé a darme cuenta de que el miedo no me permitía realizar proyectos de construcción que nunca había hecho antes.

Me sentía muy confiado por nuestro gran avance con esta gran compañía pública. Comencé a aprender lo que Dios podía hacer por medio de un negocio sobrenatural al orar, operar con integridad, vivir con humildad y perseverar en el servicio a los demás. No obstante, Dios no nos enseña a ser valientes en un salón de clases, sino que comenzó a enseñarnos como ser valientes al experimentar retos y dificultades aterradoras en nuestras vidas y negocio. Estábamos comprometidos a hacer las cosas a Su manera, nos mantuvimos firmes y Él nos ayudó a vencer. Cada vez que vences el miedo que viene junto con los problemas, adquieres confianza, firmeza de carácter y fe en Dios, lo cual nunca te decepcionará (ver Romanos 5:3-5).

Cruzarse con obstáculos

Dios me ayudó a construir mi confianza a través de una serie de proyectos que expandieron nuestras fronteras. Escuché sobre una compañía muy conocida que tenía muchas propiedades y una gran cantidad de proyectos con veinte millones de dólares para hacer renovaciones con el tipo de trabajo que habíamos comenzado a realizar. Entonces, me comuniqué con ellos y nos reunimos. Sin embargo, dijeron que ya habían empleado a un contratista para los seis proyectos. "Gracias por contactarnos", me dijeron, "pero ya tenemos a alguien".

Fue entonces cuando sentí que Dios me decía: "Estos son tus proyectos". Dios estaba a punto de enseñarme una lección poderosa para cualquier negocio sobrenatural: **Por el hecho de que haya un obstáculo, no significa que Dios no esté obrando.**

Frecuentemente, pensamos que si Dios está con nosotros todo será fácil. Queremos que todo fluya bien, sin interrupciones y que solo tengamos que hacer una llamada o tener una reunión. Cuando encontramos un obstáculo, nos vemos en la tentación de dudar y temer. Dios quiere desarrollar nuestro valor y carácter por medio de situaciones aterradoras y difíciles, encontrando las cosas buenas que Él tiene para nosotros al otro lado del temor.

No desarrollamos valor cuando todo es fácil; construimos valor cuando perseveramos ante el temor.

Recordarás la historia que conté sobre las repetidas ocasiones en que me comuniqué con la compañía muy conocida que tenía muchas propiedades. Eventualmente, luego de haberlos contactado por varias semanas, me dieron la oportunidad de ayudarlos con un proyecto que abrió paso a una larga relación con esta compañía.

Debido a la confianza que adquirí al tomar el proyecto grande de esta compañía multimillonaria, sobre todo en el Señor, pude sentir confianza de que estos proyectos eran para mí, a pesar de los obstáculos. Esto es un gran ejemplo de lo que es perseverar.

ÁRMATE DE VALOR

Él es todo lo que necesitas

Dios nos llamará hacia un nuevo territorio, tanto personalmente como en un negocio sobrenatural, pero tenemos que estar dispuestos a marchar hacia adelante. Para mí, marchar hacia adelante en un proyecto significó trabajar con paneles de metal. Yo nunca había trabajado con paneles de metal, pero uno de esos trabajos con esta compañía multimillonaria tenía que ver con paneles de metal, como también carpintería, cercas de patio, estuco y otros aspectos con los que ya estaba familiarizado. Ellos querían que hiciera el proyecto, pero estaba indeciso porque insistían en que el trabajo de paneles de metal era parte del proyecto.

Les dije: "Escuchen, lo siento. No trabajamos con paneles de metal. Nunca lo hemos hecho antes. No entiendo y no me siento cómodo haciendo algo que nunca he hecho antes".

Ellos dijeron: "Pues bien, los paneles de metal están incluidos en el trabajo que conlleva este proyecto. Como contratista general, debes aceptar el trabajo completo y si no haces el trabajo de paneles de metal, entonces no tendrás el resto de los trabajos".

Sin embargo, mi relación con esa compañía multimillonaria era tan buena en aquel entonces, que el gerente de construcción me dijo que recibieron un estimado de parte de un contratista de paneles de metal y ellos me pagarían un 10 por ciento extra para manejar el proyecto. Les pregunté si podían darme un poco de tiempo para pensarlo, y el gerente de construcción dijo: "Claro que sí, tienes diez minutos".

Salí de la oficina para pensar. Todavía lo recuerdo como si fuera ayer —esto fue en la avenida Irvine, una de las calles más transitadas en Newport Beach. El sonido del tráfico sobrepasaba el sonido de mi clamor a Dios. "No sé cómo hacer esto. ¡Dios, no sé qué hacer! Esto no es lo que hago. ¿Cómo puedo comenzar a hacer algo que no sé cómo hacer? No tengo ninguna experiencia en esto. Me estaría arriesgando en gran medida. He oído de negocios que han fracasado por hacer cosas que no saben hacer".

Fue entonces cuando Dios me dijo algo que me ha dicho dos o tres veces a través de mi carrera: "Yo soy todo lo que tú necesitas".

Estaba a punto de aprender lo que es la valentía, haciendo algo que me aterraba. Le pregunté a Dios lo siguiente: "Bien, ¿Qué hago?" Sentí que Él me decía que volviera ahí dentro y firmara ese contrato. Entonces, regresé a la oficina del gerente de construcción y con mi mano temblorosa firmé el contrato.

Volví a mi oficina y llamé a un amigo que trabajaba para otra compañía. Sabía que él era un experto en paneles de metal y le pregunté si estaría dispuesto a analizar los detalles del trabajo y hacer algunas recomendaciones de cómo hacerlo correctamente. Me dijo: "Mike, este es el trabajo de paneles de metal más fácil que jamás he visto".

Respondí: "Bueno, es muy fácil para ti. Tú sabes cómo hacer esto. Yo no sé —yo no sé nada sobre paneles de metal".

Luego me preguntó si quería que enviara algunas propuestas. Habiendo revisado el contrato, me di cuenta de que no habían estipulado que tenía que contratar a alguien específicamente. Entonces, le dije que lo hiciera. La propuesta del contratista original era de $73,000 y mi amigo consiguió una propuesta por $64,000 —y me dijo que él se responsabilizaba personalmente por el trabajo.

Comencé a caminar por mi oficina diciendo: "¡Acabo de ganar $9,000!" De hecho, ese fue el día en que Dios me convirtió de un contratista a un hombre de negocios. Entonces, me di cuenta de que me iban a pagar $81,000 para manejar el trabajo de paneles de metal, ¡sin importar de cuánto fuera la propuesta del contratista!

Cuando le dije al contratista original que le iba a dar el trabajo a otra persona con una propuesta mejor, me preguntó si podía afilar su lápiz y prepararme una mejor propuesta. Dijo que quería el trabajo porque su taller estaba al cruzar la calle y regresó con una propuesta que casi me hace caer de la silla: $48,000.

Mi contrato decía que me pagarían $81,000 para manejar esta parte del proyecto porque su propuesta original fue de $73,000, pero ahora lo iba a hacer por $48,000. Yo ganaría $33,000 adicionales, haciendo un trabajo que traté arduamente de no hacer ¡porque tenía miedo de arriesgarme! El contratista hizo un trabajo fabuloso. Gracias a la propuesta que mi amigo había enviado, aprendí a manejar las propuestas de trabajos con paneles de metal. MRC se expandió en un área nueva de construcción.

Mi confianza y sabiduría para los negocios crecieron en una forma increíble. Debido a ese trabajo, pude hacer otros más y pude demostrar las capacidades de MRC. Si no hubiese sobrepasado el temor y aceptado el proyecto de la compañía multimillonaria, no hubiese podido obtener muchos otros proyectos. Probablemente, 80 por ciento de los trabajos que he realizado en las últimas dos décadas estuvieron relacionados con haber vencido el temor y hecho ese gran proyecto.

Sin embargo, Dios no solo nos expandió para hacer prosperar a MRC: Debido a que conseguimos todos esos trabajos fantásticos, ¡pudimos construir muchas iglesias! En adición, el dinero que recibimos nos ayudó a enviar, aproximadamente, a quince misioneros alrededor del mundo.

Nada de esto hubiese sucedido si no hubiese vencido el miedo de hacer algo que nunca había hecho. Todo lo que desees está al otro lado del temor. Dios está listo para expandir su territorio, pero es tu misión moverte cuando Dios te lo indique, atravesar los obstáculos y aprender a ser valiente al desafiar el temor.

El que camina sobre las aguas

A veces, pregunto a las personas si el miedo es bueno o es malo. Muchos en los círculos cristianos dirán que es algo malo. Pero me gusta hacerlos pensar y les pido que no contesten muy rápido. Si aprendemos a duras penas que algo nos puede hacer daño, aprendemos a no volverlo a hacer. Ese miedo puede prevenir que nos hagamos daño nuevamente. Tengo temor de herir a mi esposa y eso me hace no decir cosas estúpidas. A través del tiempo, he aprendido de mis errores.

Pero el temor que nos paraliza y nos detiene para que no sigamos hacia adelante nunca es algo bueno. No queremos estar congelados, sin movernos y no tomar decisiones. Eso nunca es productivo, especialmente en los negocios. El temor saludable nos puede proteger, pero el temor insalubre nos congelará.

Uno de mis versículos favoritos dice que Dios no nos ha dado un espíritu de temor que nos haga ser tímidos y sin poder movernos (ver 2 Timoteo 1:7). Dios nos da Su Espíritu —un Espíritu de poder, amor y autodisciplina; en otras palabras, una mente sana. Esa mente sana te permitirá continuar pensando de una forma creativa, aun cuando haya temor.

Esto sucede porque a veces debemos movernos hacia adelante y hacer cualquier cosa que Dios ha dicho que hagamos, aun cuando tengamos miedo. Entonces, ¿cómo hacemos esto? ¿Cómo seguimos adelante, aun cuando tenemos miedo?

La respuesta es que debemos mantener los ojos en Jesús. En varias ocasiones en la Biblia, vemos a Pedro como el malentendido. Él es el discípulo que negó a Jesús tres veces, le cortó la oreja a un hombre, y en una ocasión Jesús le dijo: "Apártate de Mi Satanás". Pero la realidad es que Pedro fue el único hombre en la historia que caminó sobre las aguas, aparte de Jesús.

Quizás has escuchado la historia —Jesús envía los discípulos a que se adelanten a cruzar el lago en la barca. Mientras iban navegando, se desató una feroz tormenta y ellos remaron *toda la noche*. Mientras todavía estaban lejos de tocar tierra, las fuertes olas comenzaron a impactar la barca. ¡De repente, ven a Jesús caminando por la superficie del lago!

¿Qué es lo primero que Jesús les dice? *"No tengan miedo. ¡Tengan animo! ¡Yo estoy aquí!"* (Mateo 14:27 NTV).

Por esa razón, me fascina Pedro: Dice la historia que, *"Entonces le respondió Pedro, y dijo: 'Señor, si eres tú, manda que yo vaya a ti sobre las aguas.' Y él dijo: 'Ven.' Y descendiendo Pedro de la barca, andaba sobre las aguas para ir a Jesús"* (Mateo 14:28-29 RVR).

Puede que Pedro haya hablado demasiado rápido, pero también estaba listo para tomar un paso de fe que nadie más se atrevió a dar. Pedro también nos enseña la primera lección sobre aprender a ser valiente: **Cuando vayas a salir de la barca, debes estar seguro de que es Jesús quien te está llamando.**

No es valentía salir de la barca cuando Jesús no te está llamando. Si haces esto, te ahogarás. No tomo grandes riesgos a menos que no haya escuchado de parte de Dios y tenga paz al respecto. Esa "paz" es importante —esto puede significar algo como estar de acuerdo con mi esposa. Si ella no está de acuerdo de que haga algo que nunca hice antes, no lo voy a hacer. Esta es la razón por la cual es importante dar el derecho a tu cónyuge de hablar en tu vida —y que, por adelantado, te hayas comprometido a escuchar. ¡Me he dado cuenta de que la voz de Dios y la voz de mi esposa me suenan muy parecidas! Estaré hablando más sobre esto en el capítulo que trata sobre el honor. Pero, la razón por la cual sé que estar de acuerdo y tomar decisiones juntos es tan importante en nuestro matrimonio es porque puedo ver directamente que los peores errores que he cometido se remontan a momentos cuando Janet y yo no estuvimos de acuerdo.

Es posible que los vientos y las olas de las tormentas de la vida te estén rodeando, pero Dios puede darte paz para ser audaz y hacer algo nuevo. Cuando Pedro escuchó la voz de Jesús reconoció la voz de Dios. Él conocía Su voz porque había pasado tanto tiempo con Jesús.

Cuando Jesús le dijo que viniera, Pedro tenía la paz que necesitaba para hacer lo imposible y salir de la barca hacia las olas sacudidas por el viento.

La próxima lección que nos enseña Pedro es que debemos mantener los ojos en Jesús. Leemos que Pedro salió de la barca y caminó hacia Jesús, pero cuando miró las agitadas olas bajo sus pies, perdió su valor y comenzó a hundirse. Pedro estaba haciendo lo imposible, caminando sobre las aguas, pero cuando quitó sus ojos de Jesús, dejó de caminar y empezó a hundirse. Cuando te muevas hacia algo nuevo que Dios te llame a hacer, no mires las circunstancias y mantén tus ojos puestos en Jesús.

Quizá hayas escuchado la enseñanza de esa parte de la historia antes, pero lo que casi nunca se escucha es como Jesús respondió cuando Pedro perdió el enfoque. En el momento en que Pedro comienza a hundirse, comenzó a clamar a Jesús para que lo salvara —*y de inmediato,* ¡Jesús se agacha y le toma de la mano!

Sabe esto: Si Jesús te ha llamado a salir de la barca, aun si pierdes el enfoque en Él y comienzas a hundirte, Él te salvará. ¡Así de bueno es Él!

Valentía es salir de la barca cuando escuches a Dios llamarte. Valentía es mantener los ojos en Él, aun cuando las circunstancias a tu alrededor estén muy violentas. Además, valentía es saber que Él nos salvará aun cuando encontremos obstáculos y parezca que estamos cayendo.

Ármate de valor

Mi definición favorita sobre el valor es la habilidad para no hacer caso al miedo. No es que el miedo no exista; es la habilidad para seguir hacía adelante, aun cuando la preocupación trata de detenernos.

Valentía es acción. No es pasiva, es activa. Miremos lo que Jesús dice en Mateo 14:27, *"¡Tengan animo!"*

El valor no se da, hay que tomarlo.

Este tema se puede ver a través de la Biblia. Dios le dice a Su pueblo una y otra vez que no tema. ¡Es el mandamiento más frecuente en Su Palabra! Lo opuesto a tener miedo es tomar valor y hay ocasiones cuando Dios dice, literalmente, que *seamos* valientes.

En el libro de Josué, leemos sobre como Moisés le entrega el liderazgo. ¡Era difícil llenar esos zapatos! Muchos están familiarizados con Josué 1:9: *"Mi mandato es: ¡Sé fuerte y valiente! No tengas miedo ni te desanimes, porque el Señor tu Dios está contigo dondequiera que vayas"* (NTV). Te reto a que leas el primer capítulo, cada vez que Dios le dice a Josué que sea fuerte y valiente.

Dios le dice tres veces a Josué que sea valiente. No dice que le dará valor, le dice que sea valiente. Dios sabía que Josué necesitaría mucha fuerza y valor para los nuevos retos como líder de Su pueblo. Entonces, le dijo a Josué que estuviera listo. Dios le dio el secreto —*sé valiente.*

Hay momentos en que tenemos advertencias y podemos estar listos. Otras veces, cuando las cosas no andan bien, debemos ser valientes en medio de la tormenta. Cuando leemos que David estaba muy angustiado porque él y sus hombres habían sido saqueados, todo lo que tenían fue robado y sus familias raptadas, él *"encontró fuerzas en el Señor su Dios"* (1 Samuel 30:6 NTV). Esto significa que fue valiente. No le fue dado, tuvo que tomarlo y lo hizo con la ayuda de Dios.

Debemos recordar que solo porque Dios nos llama a salir, no significa que no habrá ningún obstáculo. Podemos tener contratiempos y cuando esto suceda, debemos estar listos para ser valientes de una forma activa.

El valor de la capacidad

Cuando eres valiente y sales adelante, Dios aumenta tu capacidad. Mi esposa me pregunta constantemente: "¿De dónde sacaste toda esta capacidad?" porque hago tantas cosas diferentes. Yo he crecido en capacidad porque he seguido la voz de Dios cuando me ha dicho que haga algo, aun cuando he sentido miedo.

En los comienzos de mi compañía, era muy ineficiente. Conseguía un proyecto, lo comenzaba, lo completaba y luego buscaba otro. Existía una brecha entre el tiempo de búsqueda. Mientras Dios comenzaba a expandir mi capacidad, también comenzó a sacarme de mi zona de confort.

Todo comenzó a tomar forma cuando recibí una llamada de una compañía para que les hiciera una cotización. En ese tiempo, el promedio para hacer un trabajo era alrededor de $500 y un trabajo grande podía costar casi $1,000. Cuando miré el proyecto me di cuenta de que sería de aproximadamente $1,000. Así que le entregué la propuesta al gerente de construcción. Pero, antes de que me diera una respuesta, me pidió que preparase otra cotización para otro proyecto. "¡Pero, acabo de entregarle esta y todavía no me ha respondido!" Le dije.

Me dijo que hablaríamos sobre eso luego, entonces hizo que fuera a ver otro trabajo. Este era mucho más grande —$2,000. ¡Sentí como si estuviera en un paraíso de paneles de yeso! Le entregué mi propuesta para ese trabajo y pregunté si me contrataría para uno de esos proyectos. En lugar de contestarme, me dijo que deseaba que saliera a ver un tercer sitio. Fue el trabajo de paneles de yeso más grande que jamás hubiera visto. ¡Este sería de $3,000!

No pensaba que me iba a dar el más grande, pero esperaba por lo menos el segundo más grande y estaba orando para obtener por lo menos uno de los tres. Llamé al gerente de construcción y le pregunté si me había asignado alguno de los proyectos porque necesitaba trabajar y podía comenzar de inmediato.

Él me respondió: "no vamos a darte uno de los proyectos". *Que pérdida de tiempo, pensé yo.* Entonces añadió: "Queremos darte los tres".

¡Quedé pasmado! Nunca había hecho más de un trabajo a la vez. Me sentí avergonzado de decirle que no podía hacerlos y le pregunté si podía devolverle una llamada. Tan pronto concluyó la llamada, comencé a orar: "Dios, ¿Qué hago?"

Fue la primera vez que escuché a Dios decirme: "Yo soy todo lo que necesitas".

El precio total de los proyectos fue de $6,000 y verdaderamente lo necesitábamos. Un poco de historia regresiva, mi esposa y yo, sin darnos cuenta, ¡habíamos estado dando el diezmo doble por tres semanas consecutivas! Y como no queríamos llamar al pastor y pedir un reembolso, estábamos confiando en que Dios nos ayudaría a salir adelante.

Este fue el primer año en el cual mis ingresos se duplicaron y así fue como sucedió. Dios expandió mi capacidad, desde haber estado haciendo un trabajo a la vez, me encontraba haciendo tres trabajos diferentes simultáneamente. Fue la primera vez que hice más de uno, pero no la última —a partir de ese momento, comencé a hacer múltiples proyectos. Mi capacidad comenzó a crecer y hasta ahora MRC ha podido manejar hasta veintiún proyectos a la vez —y seguimos contando.

Durante ese tiempo, tenía dos o tres hombres que trabajaban conmigo y para poder hacer los tres trabajos tuve que contratar unos cuantos más. Comenzaba a trabajar en un sitio, me movía hacia otro y allí designaba a un par de obreros para que comenzaran a trabajar. Luego de que el primero estaba casi terminado, les ayudaba a empezar el tercero. Después de todo, recuerdo que no fue un gran reto hacer los tres. No era tan diferente a lo que había estado haciendo cuando hacía un trabajo a la vez. La diferencia era que no había mucho tiempo de por medio y era mucho más eficiente. Descubrí que la dificultad más significativa había estado en mi mente antes de comenzar.

Esa es la naturaleza del miedo —la mayor parte del temor está en la mente. La mayoría de las cosas que tememos nunca suceden. Ese mismo temor puede mantenernos paralizados, incapaces de actuar y sin poder avanzar hacia la capacidad expandida que Dios desea que desarrollemos. Si ganas la batalla en tu mente, estarás un paso más cerca de ganar la batalla del temor.

Resiste el temor, acércate para escuchar a Dios

Cuando tenemos miedo, no nos atrevemos porque estamos preocupados pensando que fallaremos. Ponemos todo tipo de excusas, y nos convencemos de no seguir a Dios. En verdad, si me muestras a una persona que pone excusas, te muestro a una persona que tiene miedo.

Cuando la gente tiene miedo, buscará la forma de culpar a alguien o algo. Están indecisos y dejan todo para el final. Las personas que están encerradas en el miedo saben que se supone que hagan algo, pero no se atreven porque han dejado que el miedo controle sus acciones.

Se supone, quizá, que debas comenzar un negocio, sacar un nuevo producto o dar algo. Si sacas una lista de cientos de excusas o te encuentras echando la culpa a alguien o algo es debido al miedo. Si Dios te dijo que lo hicieras, debes ser valiente y atreverte a hacer lo que Él te ha dicho que hagas. Recuerda que cuando es Dios, Él no dejará que te ahogues —aunque puede ser que encuentres obstáculos.

Las personas que has visto o leído sobre ellos que se han atrevido a hacer algo, no estaban libres de temor. Ellos escucharon a Dios, vencieron el miedo y fueron valientes; y tú puedes hacer lo mismo. Esto significa que es imperativo estar seguro de que lo hayas escuchado de parte de Dios. Muchos me preguntan: "¿Cómo haces esto?" Permíteme decirte lo que Dios me ha enseñado.

Lo primero es que debes comenzar donde estás. No tiene sentido desear estar en otro lugar y Dios no te va a reprochar o guardar cosas contra ti. Si actualmente no pasas tiempo o pasas poco tiempo en oración, comienza sin culpa alguna y prepárate para expandir tu capacidad.

Yo creo en pasar tiempo consistentemente con Dios. Por lo tanto, haz una cita con Dios y no la canceles. Pasar tiempo consistente con Dios es vital para un negocio sobrenatural. Por lo tanto, haz lo que tengas que hacer para mantener esa cita en tu calendario. Si estuvieras reuniéndote con un alto ejecutivo para que te instruyera, lo pondrías en tu calendario y no perderías esa cita por nada del mundo. Entonces, ¿Por qué tratarías de manera diferente al Rey del Universo?

Establece una meta alcanzable para pasar tiempo con Dios y hazlo de forma exitosa. Lo más maravilloso de pasar tiempo con Jesús es que mientras más lo hagas, más desearás hacerlo. Deseo grandemente la sabiduría, paz, y entendimiento que Dios me da y no lo cambiaría por ninguna otra cosa. Tú llegarás a ese punto —tan solo continúa haciéndolo. Expande gradualmente el tiempo que pasas en oración, sé consistente y mantén esa cita con Dios.

Dios dice: *"Pídeme y te daré a conocer secretos sorprendentes que no conoces acerca de lo que está por venir"* (Jeremías 33:3). Dios promete que, si le preguntas, Él te contestará. Puedes pedirle sabiduría y Él nunca se burlará de ti —Él te la dará (ver Santiago 1:5).

Búscalo primero y luego espera

Dios me ha mostrado muchas veces cuán importante es buscarle a Él primero. Estaba perdiendo dinero en un trabajo y, eventualmente, comencé a orar al respecto. Le pregunté a Dios por que seguía perdiendo dinero y sentí que me respondió lo siguiente: "Dejaste de preguntarme qué trabajos tomar y cuáles no. No todos los trabajos que tomas provienen de Mí".

No todas las oportunidades son apropiadas para ti. No toda invitación para atreverse a hacer algo proviene de parte de Dios. Esa es la razón por lo que es vital aprender a distinguir entre las influencias que llegan a tu vida y los momentos en que Dios pone una impresión dentro de ti. He dejado propuestas de trabajos de millones de dólares en la mesa y me he retirado porque no tenía la aprobación de parte de Dios. Aprende a orar lo siguiente: "Dios, si esto viene de parte tuya, aclárame todas las cosas". No tomaría otro paso antes de pasar tiempo suficiente en oración para saber si algo proviene de Dios o no. Cuando algún asunto era de parte de Dios, sentía paz en relación con decisiones difíciles u opciones que dan miedo. Sin embargo, cuando no era de parte de Dios, me daba cuenta de que no tenía esa sensación de paz. Pídele que Su voluntad esté clara en tu vida —que te diga exactamente qué hacer. Él lo hará.

El gesto superior de depender de Dios es el siguiente: que hayas puesto tu voluntad a un lado para seguir la voluntad de Dios para tu vida. Para discernir Su voluntad, primero debes pasar tiempo con Él. No hay ningún atajo y ninguna otra alternativa. ¡En realidad, no hay nada igual!

Para tener un negocio sobrenatural, debes orar y esperar en el Señor hasta que escuches de parte de Él. Le pido a Dios frecuentemente que cierre las puertas que no provienen de Él. Después, estaremos hablando sobre la persistencia, pero ahora debes saber que, si Dios cierra una puerta, es porque desea que permanezca cerrada.

Después de que la economía colapsara en el 2008, necesitaba trabajo urgentemente. Había un posible proyecto en un centro comercial cerca de mi oficina y envié una cotización. Parecía que íbamos a obtener el proyecto, pero el dueño me dijo que iba a tomar otro rumbo y no obtuvimos ese proyecto que tanto necesitábamos.

He contado muchas historias sobre orar persistentemente y pedir, pero esta vez no escuché de parte de Dios que hiciera eso. Casi nueve meses después, fui a la tintorería en ese mismo centro comercial. Le pregunté al encargado cuando terminaría la construcción, sabiendo que ese proyecto podía durar alrededor de seis meses y habían pasado casi nueve meses.

ÁRMATE DE VALOR

Cuando le dije al encargado que el dueño debería haber aceptado mi propuesta, me dijo lo siguiente: "Deberías estar emocionado de no haber tomado el trabajo. El proyecto no está terminado porque no le ha pagado a nadie".

Salí de allí y de inmediato sentí que el Señor me decía: "Yo te protegí de ese proyecto".

El verdadero valor no es siempre atreverse cuando Dios lo dice. A veces se trata de quedarnos quietos cuando Él dice que no. ¿Estás dispuesto a obedecer cuando Dios cierra una puerta o está en silencio? Para esto, también, hay que ser valiente.

He tenido que aprender a entender que ver los inconvenientes no es lo mismo que estar atemorizado. Es importante separar ambas cosas; se supone que debemos ser sabios, pero no se supone que debemos tomar decisiones basadas en el temor. Dios comenzó a enseñarme esto con el primer contrato que me dio la compañía Oakwood. Solo veía el lado bueno y fue un abogado quien revisó el contrato para decirme que tuviera cuidado con los inconvenientes a los que estaría expuesto.

Aun después de haber repasado en su totalidad los detalles del contrato, no estaba seguro y oré mucho por este asunto. Mi abogado me dijo que no lo firmara, pero yo quería escuchar de parte del Señor. "Dios", dije yo, "¿Es este un trabajo que debo hacer?"

Dios me enseñó que no siempre los contratos son tan importantes como todos piensan. Las personas con quienes estás tratando pueden ser mucho más importantes. Si está tratando con una mala persona, no importa cuán bueno sea el contrato —ellos pueden encontrar la forma de hacerte daño. Aunque este era un contrato estricto con Oakwood, de acuerdo con mi abogado, las personas de Oakwood eran las mejores personas del mundo.

Estarás mucho mejor confiando en Dios que en cualquier abogado. Me sentí confiado en que Dios me dijera que siguiera adelante y así lo hice —en contra del consejo de mi abogado. Por lo tanto, debes estar dispuesto a atreverte cuando Dios lo dice, pero prepárate a esperar cuando Él diga que no.

La palabra de Dios para ti

Mientras aprendes a escuchar la voz de Dios, encontrarás que es de mucha ayuda conocer lo que Él ha dicho en el pasado. De hecho, Dios habla mayormente a través de la Biblia. Por tal razón, la sabiduría de la Biblia es esencial. Hablo mucho sobre escuchar a Dios por medio de la oración, pero la forma principal y número uno por la cual Dios me habla es por medio de Su Palabra. Él puede traer un versículo a mi mente o al leer algo que me orienta cuando tengo alguna pregunta.

Muchas veces, se cómo responder ante las circunstancias porque he leído sobre algo similar en la Biblia. Dios contestará muchas de tus preguntas de esta forma, y quizá no haya necesidad de que nos diga algo único para nuestras vidas. Si pasas mucho tiempo en el Libro de Dios, ¡Él te transferirá Su sabiduría, por medio de Su Santa Palabra!

Cuando escuchas algo de parte de Dios en oración *nunca* debe ser contradictorio a la Biblia. Dios siempre estará de acuerdo con lo que Él ha dicho —*siempre*. La Biblia es como la Carta mayor y todo lo demás debe estar en acuerdo con esa Carta. Comienza a desarrollar conocimiento de la Palabra de Dios lo antes posible. No tienes que ser un teólogo, no obstante, ¿Qué tan inteligente sería leer libros sobre liderazgo y descuidar la "Carta" mayor que jamás se haya escrito?

Dios nos ayudará con la mayoría de nuestros temores si tan solo se lo permitimos. Pasa tiempo en oración, y pasa tiempo aprendiendo a conocer la Biblia —¡Nunca lo lamentarás!

Primero ora y luego obedece

Atreverse a ser obediente vence el miedo. Dios me enseñó esto en gran medida cuando comenzábamos a ganar dinero de verdad. Durante el tiempo que Janet y yo llevábamos casados, con ambos salarios, nunca habíamos ganado más de $100,000 antes de 1998. Aun así, mientras experimentábamos triunfos en MRC, sentimos que Dios nos habló y nos dijo: "Si les diera la oportunidad, ¿Estarían dispuestos a dar $100,000?"

Nosotros no entendíamos lo que esto significaba, pero decidimos que estaríamos dispuestos. Recuerdo estar mirando cuanto habíamos dado en diciembre de 1999 y vi la cantidad de $63,000. Nunca habíamos dado más de $15,000 antes, así que, esta era una gran cantidad. Entonces, recordamos lo que Dios nos había dicho y nos dimos cuenta de que teníamos exactamente $37,000 en nuestra cuenta de banco.

Le dije a mi pastor lo que Dios nos había dicho, y nos advirtió que nos aseguráramos de orar al respecto. Sin embargo, su esposa fue más directa. Ella nos dijo: "No les puedo decir qué hacer, pero les diré esto: Si obedecen a Dios, sus vidas jamás serán las mismas".

Estoy diciendo esto, en este momento: **Si eres valiente y obedeces a Dios, tu vida cambiará.** Nunca será la misma, y no solo mejorará tu vida, sino la vida de tu familia y la de muchos otros, porque así es cómo obra Dios —¡Sus bendiciones no son solo para ti!

A pesar de esa palabra de aliento de parte de la esposa del pastor, sentía temor. Buscaba frenéticamente alguna palabra en la Biblia que me indicara que estaba bien no tener que dar el dinero este año, sino el próximo. En vez de eso, encontré 2 Corintios 8:10-11: *"Aquí va mi consejo sobre lo que les conviene en este asunto: El año pasado, ustedes fueron los primeros no solo en dar, sino también en querer hacerlo. Lleven ahora a feliz término la obra, para que, según sus posibilidades, cumplan con lo que de buena gana propusieron".*

Esto es algo muy directo. Así que, mi esposa y yo sacamos nuestra chequera, y con mi mano temblorosa, escribí un cheque con todo lo que teníamos —$37,000.

Si Dios te dice que salgas, ¡No se atrevas a quedarse en la barca!

Nuestras vidas jamás fueron las mismas. Tres meses después, el exgerente de la compañía multimillonaria me hizo su asociado para que aprendiera la compra y venta de bienes raíces. Fue entonces, cuando Dios comenzó a duplicar —incluso a triplicar— mi negocio, año tras año.

El miedo te mantendrá congelado en la barca. El miedo evitará que experimentes lo mejor que Dios tiene para ti, limitará tu capacidad y te instará a no confiar en el Padre. Pero si confías en Dios —si tienes valor y obedeces cualquier cosa que Dios te mande a hacer— tú y tu negocio jamás serán iguales.

CAPÍTULO 8:

El poder de la perseverancia

La recesión económica del 2007 no afectó mi negocio en el área de las viviendas multifamiliares, y yo pensé que estaríamos bien. Esto fue hasta que *Lehman Brothers* colapsó en octubre del 2008. Cuando eso sucedió, fue una conexión directa con las finanzas y las tasas de interés de bienes raíces, y esto nos impactó de manera instantánea.

Para esa fecha, estábamos en el proceso de revisar treinta planos para entregar unas propuestas y de esas treinta, esperábamos conseguir por lo menos la mitad. Así que, esperaba que tuviéramos cerca de quince trabajos en camino. Pero un día, veinte de esos trabajos fueron cancelados —todos los proyectos cancelados al mismo tiempo. Solo nos quedaban diez planos que, potencialmente, podrían ser nuevos trabajos y de esos diez, solo se produjo uno —y no lo pudimos retener.

Para mucha gente, eran momentos de pánico. Entonces, comencé a hacer algunas llamadas. El problema no era que no me contestaran o devolvieran las llamadas —sino que sus teléfonos estaban *desconectados*. Estas no eran organizaciones pequeñas. Eran grandes empresas y dueños de grandes viviendas multifamiliares.

Fue durante este periodo de una caída financiera substancial que el Señor me habló y dijo: "Ahora es el momento para que comiences a hacer publicidad".

¿Publicidad? Pensé, ¿Para qué? ¡No hay trabajos!

Cuando le conté esto a mis empleados, me respondieron muy cortésmente: "No creemos que sea una buena idea. Creemos que debes maximizar lo que estamos haciendo ahora y no gastar dinero". Teníamos algunos activos, pero no durarían para siempre. Nadie pensó que debíamos gastar dinero en ese momento en publicidad para tratar de conseguir proyectos que no existían.

Sin embargo, sentí que el Señor había hablado claro y este era el momento de comenzar a hacer publicidad. Entonces, comenzamos una campaña de publicidad mientras la economía estaba por el piso. No tenía sentido en lo natural —¡Pero, frecuentemente, Dios hace cosas así! Dios obra de forma sobrenatural y siempre es de mucho beneficio para un negocio que opera en lo sobrenatural seguir los conocimientos de Dios y no los del mundo.

Rápidamente, aprendí que nuestros clientes actuales representaban solo 3 por ciento del mercado que buscábamos. Estábamos operando a MRC y solo aprovechando ese pequeño porcentaje, ¡cuando había treinta y tres veces más clientes con quienes podíamos hablar! Creamos una base de datos de esos clientes potenciales y comenzamos a llamarles. Ninguno de ellos tenía trabajos disponibles, pero tomaron nuestras llamadas.

Aférrate

Estuvimos un año completo con la campaña de publicidad sin conseguir ni un solo proyecto. Algunas personas de mi oficina se sentían frustradas conmigo porque, según ellos, estaba gastando nuestros activos en una campaña de publicidad, buscando algo que no existía —por lo menos, desde su perspectiva. Gastamos $75,000 el primer año, sin ningún resultado. Luego pasaron seis meses más antes de que obtuviéramos nuestro primer proyecto. Hasta ese momento, había gastado más de $100,000 y la ganancia de ese trabajo fue $28,000. El equipo ejecutivo estaba cuestionando mi liderazgo, pero mantuve mi posición, insistiendo en que estábamos haciendo lo que debíamos hacer.

Recuerda, antes de salir de la barca, debes asegurarte de que sea Dios quien te dirige. Pero, si estás seguro, la única acción razonable es perseverar en cualquier cosa que Dios haya dicho que hagamos. Me había movido por fe, y hasta que Dios me dijera que hiciera otra cosa, no iba a dejar que las circunstancias cambiaran mi parecer. Así que, continuamos haciendo publicidad.

Luego de veinte meses, obtuvimos nuestro segundo trabajo y nos produjo una ganancia neta de $275,000. Al instante, no solo habíamos pagado por todo el mercadeo, teníamos más ganancias de lo que habíamos invertido. Las mismas personas que habían cuestionado mi liderazgo, comenzaron a admitir que después de todo, al parecer, habíamos hecho lo correcto. Tres meses después, firmamos un contrato que produjo ganancias de otros doscientos mil dólares. Y dos años y medio después que Dios me dijera que hiciéramos publicidad, ¡firmé un contrato por veinticinco millones de dólares!

Seis meses más tarde, por medio de ese proyecto, conseguimos otro más de veinticinco millones de dólares. El cual, a su vez, nos llevó a *otro*, en adición a muchos trabajos con los cuales ganamos cinco y diez millones de dólares cada uno. Habíamos dado un gran paso hacia adelante y todo fue porque Dios nos ayudó a perseverar en hacer publicidad cuando las circunstancias decían que no deberíamos gastar el dinero. Dando un vistazo al pasado, ¡lo único que hubiese hecho diferente sería gastar tres veces más en publicidad!

Si Dios te ha dicho que hagas algo, no te detengas —continúa hasta que Él diga que te detengas. Continúa adelante y sigue insistiendo hasta que recibas lo que Dios te ha prometido. El poder de la perseverancia está en que durante esos tiempos difíciles se construye nuestro carácter y si perseveramos, veremos la bondad de Dios hacia nosotros.

Pablo, quien escribió gran parte de la última mitad de la Biblia, escribió esto: *"También nos alegramos al enfrentar pruebas y dificultades porque sabemos que nos ayudan a desarrollar resistencia. Y la resistencia desarrolla firmeza de carácter, y el carácter fortalece nuestra esperanza segura de salvación. Y esa esperanza no acabará en desilusión..."* (Romanos 5:3-5 NTV).

En una ocasión, teníamos proyectos alineados para los próximos dos años y medio —tanto trabajo que nuestros departamentos no podían manejar otro proyecto más. Ni siquiera teníamos personas para someter propuestas para otros proyectos, lo cual era frustrante para el equipo de mercadeo. Teníamos más trabajos de los que podíamos hacer y esto no hubiese sido posible, si no hubiéramos comenzado a hacer publicidad cuando Dios lo indicó.

En la Bolsa de Valores, la única forma de mantenerse a flote durante las fluctuaciones del mercado es quedarse en ella a largo plazo. Se debe resistir durante los malos tiempos en el mercado. Si tratas de salir y entrar, perderás tu dinero o no verás las mismas ganancias que los que perseveran en los buenos y malos tiempos. Así me sentí —me había sumergido mucho como para dejar de hacer lo que Dios me dijo que hiciera.

Asume la responsabilidad

La humildad preside a la perseverancia. Hay que ser lo suficientemente humilde para escuchar y seguir a Dios. Si no lo haces, persistirás en hacer las cosas de forma incorrecta. También he hecho esto antes.

En una ocasión, pensé que sería una buena idea añadir algunas cosas al tipo de construcción que hacíamos en la compañía y contraté a una persona para que nos ayudara a pasar desde hacer renovaciones hasta construir nuevos edificios. Probablemente, gasté más de $300,000 en dinero de la compañía, tratando de conseguir estos proyectos de nueva construcción, pero nos dimos cuenta de que esto no era para nosotros. Luego de catorce meses infructuosos, despedí al nuevo empleado. Él, simplemente, no encajaba bien en nuestra compañía, ni tampoco ese tipo de proyectos. Me di cuenta de que ya era el momento de asumir la responsabilidad y siguiéramos adelante.

En la siguiente reunión de gerentes, me puse de pie y asumí la responsabilidad. "Traté de hacer esto," les dije, "y no funcionó. Ese fue mi error".

Es importante escuchar a Dios en medio de una situación, al igual que antes de empezar. Ya mencioné que debemos hacerlo cuando Dios dice que lo hagamos y perseverar hasta que nos diga que nos detengamos, pero también debes estar listo para detenerte y cambiar de dirección cuando Dios lo indique. Debes tener la humildad de asumir la responsabilidad y seguir adelante. No debe haber vergüenza o desaprobación en ti. Por tanto, aprende de estas experiencias y continúa hacia adelante. Dios siempre mira hacia adelante y no mantendrá tu pasado en tu contra.

Sirve con perseverancia

Recuerda, solo porque enfrentemos obstáculos, no significa que algo no es de parte de Dios. ¿Recuerdas el proyecto donde insistí en que vinieran hasta el lugar del proyecto? Ese fue un gran ejemplo de este principio. Conseguimos el trabajo, pero se quedó en espera porque no podían asegurar las finanzas. En ese momento, los bancos no estaban prestando dinero de ninguna forma. Eventualmente, me dijeron que el trabajo no iba a hacerse porque no podían conseguir el dinero.

Pregunté: "¿Qué necesitamos para que el trabajo se pueda llevar a cabo?" Ellos respondieron: "Tenemos que conseguir el financiamiento, pero tenemos que poner mil millones de dólares en activos".

"Entonces, si pueden conseguir el financiamiento, ¿el trabajo se puede realizar?" Les pregunté. Dijeron que ese era el caso, entonces les dije: "Bien, voy a llamar a todos los que conozco".

Tomé el teléfono y, eventualmente, conseguí a una persona que dijo que podía hacerlo. La compañía quedó impresionada por mis acciones. Entonces, conseguí otro prestamista con una mejor tasa de interés. Estaban tan impresionados al ver que fui más allá para ayudarlos que, con todo gusto, comenzaron a referirnos clientes cada vez que tenían la oportunidad.

El proyecto estaba bajo contrato cuando nos enteramos de que la compañía que fue contratada para el trabajo mecánico, eléctrico y de plomería estaba en una terrible posición económica y no podían garantizar su parte del trabajo. Por lo tanto, tuvimos que ir aún más allá para servir a nuestro cliente —garantizamos el trabajo de la otra compañía, en contra de la recomendación de parte de la agencia de seguros. Sin embargo, procedimos porque sin ellos no estábamos calificados para hacer el trabajo.

Cuando llegamos al 80% del trabajo, la compañía que habíamos asegurado se fue a la bancarrota. Ya sabíamos que estaban luchando para mantenerse a flote, por eso no les habíamos dado más dinero de lo necesario. Había suficiente para hacer el proyecto, pero mi personal no estaba capacitado para reemplazar a la compañía que se había ido a la bancarrota. Sin embargo, Dios nos dio una idea: Nosotros contratamos directamente a los empleados de esa compañía para que nos hicieran el resto del trabajo mecánico, eléctrico y de plomería. Y aun mejor, pudimos elegir a los más sobresalientes entre ellos.

El administrador del proceso de bancarrota tenía un millón de dólares retenidos que se le debían a los acreedores, y acordamos que estos recibirían su dinero una vez que terminaran el trabajo, lo cual todavía no habían hecho. Acordamos en pagar $650,000 en vez de un millón porque habíamos asumido la garantía.

EL PODER DE LA PERSEVERANCIA

Completamos el proyecto de todas formas, adquiriendo $350,000 adicionales y ahora tenía mi propia división mecánica, eléctrica y de plomería. Con cada paso en el camino, los obstáculos amenazaban con detener el proyecto. Sin embargo, Dios sabía lo que necesitábamos y gracias a Él supimos como perseverar al enfrentar circunstancias adversas.

Santiago escribe: *"Hermanos míos, consideren por sumo gozo cuando se encuentren en diversas pruebas sabiendo que la prueba de su fe produce paciencia. Pero que la paciencia tenga su obra completa para que sean completos y cabales, no quedando atrás en nada"* (ver Santiago 1:2-4). ¿Sabes por qué puedes considerarlo por sumo gozo? Porque sabes que la perseverancia te está creando un carácter firme. Cuando estamos bajo presión, la fe sale a la luz y demuestra sus verdaderos colores. De la misma forma, mientras Dios continúe refinando nuestras vidas, nos pareceremos más y más a Jesús.

Perseverar prepara el escenario

La compañía que se fue a la bancarrota nos había dado otra propuesta para un segundo proyecto que nos ayudó a mantenernos a flote durante la mala economía —El *Dream Center,* del cual hablamos en la Introducción. Nuestra propuesta fue la mejor de todas las demás, veinticinco millones en vez de treinta y ocho millones. Pero, si no hubiese sido por la compañía que aseguramos y luego se fue a la bancarrota, no hubiésemos podido hacer ese trabajo. Adicionalmente, ¡pudimos contratar a los mejores de sus empleados!

Honramos a Dios, haciendo nuestro mejor trabajo para Matthew y Tommy Barnett y aunque no lo sabíamos, Dios nos había colocado para que fuéramos la milla extra brindándole nuestro servicio. Ya que habíamos perseverado en el proyecto de los condominios, obtuvimos el personal mecánico, eléctrico y de plomería para poder hacer el trabajo nosotros mismos, lo cual le ahorró al *Dream Center* por lo menos tres millones de dólares. Además, mantuvimos ocupado a nuestro personal durante una economía mala y cuando otras compañías estaban cerrando sus negocios.

No te preocupes por las nimiedades

No hay perseverancia sin dificultad, pero es importante recordar que no todos los asuntos pequeños son una "prueba". Una prueba se puede definir como algo difícil, pero con un propósito.

Sin embargo, muchas de las cosas pequeñas en la vida son como los mosquitos. Estos pequeños insectos molestos no son pruebas, tan solo son ruidos de la vida. Recuerda: si dejas que todo sea una molestia, siempre tendrás preocupación. Si te ofendes con facilidad, ¡Siempre andarás lastimado, todo el tiempo! A través de los años, he aprendido a aplastar mosquitos cuando puedo, pero he elegido no preocuparme por las pequeñeces.

Aunque, todavía estoy aprendiendo a evitar crear más problemas. Una de las formas de hacer esto es siendo cuidadosos con lo que decimos. Si tienes cuidado en la forma en que te hablas a ti mismo y las palabras que le dices a otras personas, te ahorrarás una gran serie de dificultades. A veces, nuestros problemas son auto infligidos, porque no tenemos cuidado con lo que decimos.

Recuerdo que cuando buscábamos nuestra primera casa, pasamos mucho tiempo trabajando con un agente de bienes raíces. Cuando finalmente compramos nuestra casa, me dijo: "¡En realidad, has aumentado mucho de peso!" ¿Estaba ella en lo correcto? Desafortunadamente si, tenía razón. ¿Volveré a contratarla nuevamente? Probablemente no. Sus palabras crearon un problema innecesario.

Podemos minimizar o evadir muchos problemas, tan solo teniendo cuidado con las cosas que decimos.

También, podemos minimizar o acortar las pruebas siendo humildes. ¡Piensa en cuantos problemas tenemos porque queremos siempre que las cosas sean a nuestra manera y no a la manera de Dios! Uno de los versos Bíblicos principales de los capítulos que hablan sobre la humildad (Santiago 4), dice que Dios se opone al altivo y da gracia al humilde. Por tanto, dice: *"Así que humíllense delante de Dios. Resistan al diablo, y él huirá de ustedes. Acérquense a Dios, y Dios se acercará a ustedes…"* (Santiago 4:7-8 NTV).

No todo se trata del "diablo". Pero aun cuando así fuera, la respuesta es la misma —¡Humillémonos y acerquémonos a Dios!

Refina tu "metal"

El calor purifica el metal. Cuando se derrite, el herrero puede remover las impurezas y refinar el oro y la plata a una forma más pura y preciosa. Aunque quizá nunca vas a disfrutar el calor cuando lleguen las pruebas de este mundo decadente, puedes crecer reconociendo que estos tiempos difíciles están refinando tu "metal", es decir tu valor —una comparación equivalente al carácter.

Jesús nos dice que en el mundo tendremos aflicciones, pero que confiemos porque Él ha vencido al mundo (Juan 16:33). Él ha ganado la guerra. Y las dificultades que experimentamos en esta vida son como el fuego que refina y desarrolla nuestro carácter. Dios no nos envía estas pruebas, sino que las usa para nuestro bienestar. No escaparemos a los problemas, son parte de la vida. Sin embargo, podemos dejar que el Refinador purifique nuestras vidas mientras los experimentamos.

Pasa la prueba

Santiago escribe: *"Dios bendice a los que soportan con paciencia las pruebas y las tentaciones, porque después de superarlas, recibirán la corona de vida que Dios ha prometido a quienes lo aman"* (Santiago 1:12). Cuando estaba estudiando esto, aprendí que la corona simboliza una victoria, así como la de un atleta campeón o un general que ha ganado una guerra.

Cuando enfrentamos pruebas y perseveramos, tenemos una oportunidad para ser victoriosos. La idea es que cuando persistimos hacia la victoria, pasamos la prueba. Sin embargo, si tratamos de evadir o esquivar la prueba, podemos terminar tomando el mismo examen una y otra vez en formas diferentes.

En una ocasión, Mi hija Nicole estaba teniendo dificultades con su jefe y vino a hablarme sobre la situación. Luego de escucharla, le dije que debía hablar con su jefe sobre el asunto. Pero, ella no quería hacerlo. Prefería la idea de renunciar a su trabajo en lugar de confrontar la situación. Le dije: "debes hacer algo al respecto, ya que la situación no desaparecerá por si sola".

Esto es lo que le dije a ella: "*Puedes* renunciar. *Puedes* evadir el problema. Pero, la misma situación que estás enfrentando ahora, volverá una y otra vez hasta que aprendas a pasar el examen".

Cuando manejamos un negocio en forma sobrenatural, enfrentamos muchos problemas y es posible que nuestro mayor reto sea aprender a manejarlos a la manera de Dios. Si tomas un examen y no lo pasas, Dios permitirá que tomes el examen una y otra vez — hasta que pases la prueba. Dios en Su misericordia nos da muchas oportunidades para pasar nuestras pruebas y recibir los beneficios del crecimiento y el refinamiento. La buena noticia es que una vez que pasamos una prueba, se hace más fácil pasar esa misma prueba de nuevo, más adelante en la vida.

A menudo, aprender la lección por medio de una pequeña prueba nos ayuda más adelante a pasar otras más significativas. Pasar las pruebas nos prepara para las victorias del futuro. Algunas de las oportunidades más grandes que he tenido han llegado envueltas entre las pruebas más significativas de mi vida.

Las pruebas van a suceder. La pregunta es: ¿Cómo manejarlas? No podemos controlar la mayoría de las pruebas. Solo podemos controlarnos nosotros mismos —nuestra actitud y como manejamos la situación. Dios nos ayudará a desarrollar el "metal" de nuestro carácter y trabajará en medio de todo —aun las pruebas —para el bien. Las pruebas no son malas, son necesarias. Entonces, ¿podrás crecer y tener una buena actitud en medio de las dificultades? O ¿te sentirás mal contigo mismo y dejarás pasar la oportunidad?

La forma en que recibimos las promesas de Dios es teniendo fe y siendo pacientes. De hecho, en el griego utilizado en la Biblia, paciencia y perseverancia significan lo mismo. Entonces, ¿Tendrás paciencia sabiendo que la perseverancia desarrolla el metal de tu carácter? ¿Estarás enfocado en tus problemas? o ¿Estarás enfocado en Dios y el buen trabajo que estás realizando? Cuando ponemos nuestro enfoque en Dios y no en el final de la prueba, nunca estaremos decepcionados.

Las oportunidades más significativas de la vida vendrán disfrazadas de problemas y arduo trabajo. Ten en mente el futuro lleno de la esperanza que Dios nos brinda y persevera a través de las pruebas de la vida —nunca sabrás lo que encontrarás cuando llegues al otro lado.

CAPÍTULO 9:

Honor en los negocios

Uno de mis buenos amigos, Mike Floyd, tenía una compañía de mercadeo y publicidad en la costa este de los Estados Unidos. Mike Floyd eligió honrar a sus clientes durante los momentos difíciles. En ocasiones, esas relaciones le han producido resultados inesperados. Hace unos cuantos años, tuvo un cliente que se atrasó en sus pagos. Poner presión y acosar a los clientes para que hagan sus pagos atrasados es algo típico en los negocios. Esto es algo justo, porque cuando alguien trabaja, debe recibir su pago. Pero la perspectiva de Mike en relación con sus clientes siempre ha sido ayudarlos cuando se atrasan en sus pagos y trabajar con ellos.

Había un cliente en particular que no pudo hacer su pago. Mike sintió que verdaderamente tenía que darle una oportunidad. Honestamente, en mi carrera, he hecho esto en ciertas ocasiones (solo cuando he sentido que Dios me está dirigiendo a hacerlo). En esta ocasión, en particular, mi amigo Mike dijo que le iba a dar una oportunidad a este cliente.

Solo unos años después, Mike tuvo la mayor oportunidad de negocios que jamás había tenido. Se trataba de una compañía nacional que le daría cientos y cientos de trabajos. Mientras que él hacía el estimado para este nuevo cliente, preguntó: "¿Quién lo refirió con nosotros?" Resulta que este nuevo cliente fue referido por aquel cliente a quien Mike había ayudado años atrás porque no podía hacer su pago y Mike le había perdonado la deuda. Mike adquirió el contrato para este nuevo proyecto, el cual fue cientos de veces más valioso que la cantidad que le había perdonado al cliente tiempo atrás. Mike había decidido no quemar ese cartucho. El haber honrado la relación con su cliente le estaba abriendo una puerta que el deshonor nunca hubiese podido abrir.

El honor es increíblemente poderoso, ya que el verdadero honor es algo poco común. Quizás estés familiarizado con el honor en el contexto de "Honra a tus Padres," pero ¿qué significa el honor cuando haces negocios de forma sobrenatural?

Pablo nos da la clave en Romanos 12:10 cuando nos dice: *"Ámense unos a otros, como hermanos. Honren a los demás por encima de ustedes mismos"*. Esto es lo esencial del honor —poner a otros por encima de nosotros mismos, no solo en humildad sino dando preferencia unos a otros. Quizá puedas notar como los temas que hemos cubierto hasta el momento, como la humildad y el servicio, pueden hacer que el honor sea posible. Sin estos valores en nuestras vidas, no tendremos el fundamento para honrarnos unos a otros.

El honor es vital para manejar un negocio de forma sobrenatural, ya que el honor nos abre la puerta hacia lo sobrenatural.

Trataré de darte una imagen de mi propia vida. Recordarás que anteriormente mencioné que debemos dar permiso por adelantado a ciertas personas para que nos hablen con sinceridad —personas a quienes estamos dispuestos a escuchar. Esto es una forma de honor. Quizás no quieras escuchar, pero decides que respetarás lo que la persona tenga que decir... aun cuando puedas sentirte incómodo.

Una de esas personas a quien decidí escuchar fue a mi pastor. Entre los años 2004 y 2005, comencé a sentir un llamado a ministrar a una escala mayor que de uno a uno en mis negocios y con mis clientes. Quería hacer algo diferente y le puse el nombre de Ministerio en los Negocios. Sin embargo, este ministerio pudo haber fallado y no haberse realizado como Dios quería.

Mi amigo y entrenador personal, Tim Redmond, confirmó que era efectivo en el ministerio que estaba desarrollando. Tim es una de las personas principales a quien he pedido que hable en mi vida y me ha entrenado a través de muchos tiempos de retos. No puedo describir lo valioso que es tener un entrenador que ama a Dios —alguien que hará las preguntas difíciles y me recordará en quien me estoy convirtiendo. Tim me ha ayudado a prevenir muchas malas decisiones y me ha dado la perspectiva necesaria. Ahora me decía que estaba listo para dar el próximo paso y deseaba hacer más en el ministerio.

Específicamente, quería hacer un grupo de oración de negociantes. En ese tiempo, estaba sirviendo en el comité de mi primera iglesia. La primera vez que me acerqué a mi pastor para decirle que había sentido de parte de Dios organizar un grupo de oración con negociantes como un ministerio, fue solo de pasada. No pienso que lo comuniqué muy bien y no conseguí su atención. Me dijo que me necesitaban sirviendo en capacidad de ujier. Lo respeto mucho y recordé que él había sido una de las personas a quien decidí escuchar y en quien iba a confiar. Entonces, imaginé que no era el tiempo apropiado.

Uno o dos meses después volví a preguntar. Dije: "siento que verdaderamente Dios me está guiando en este camino". Pero nuevamente no le dije a mi pastor sobre el plan que quería desarrollar y lo encontré cuando estaba muy ocupado. Nuevamente me dijo: "En realidad no lo sé". Estaba tan emocionado y con tantos deseos que hablé con mi esposa sobre el conflicto que estaba enfrentando. Sabía que Dios me estaba diciendo que hiciera algo, pero no estaba recibiendo el apoyo que esperaba de parte de este hombre de confianza. ¿Qué estaba pasando?

Mi esposa me dio un sabio consejo de parte de Dios: "Solo pregúntale una vez más". Esta vez escribí el plan completo que Dios me había dado y expliqué exactamente lo que sentía que Dios me estaba llamando a llevar a cabo —convocar a líderes para orar por nuestros negocios y los negocios de otros. Se lo presenté a mi pastor cuando tuvo tiempo para enfocarse en lo que estaba tratando de comunicarle.

¡Esta vez dijo que sí! Aceptar todos los "no" que recibí, requería que pusiera en práctica todos los principios que Dios me había estado enseñando —integridad, humildad, servicio, valor y perseverancia. El resultado de esto fue el honor. Aunque no entendía, había elegido honrar a mi pastor. Aun cuando esto significaba que confiar en el plan de Dios para mi vida incluyera honrar a personas de autoridad cuando me dijeran que "no". Este honor nos llevó al próximo paso cuando era el momento correcto. Entonces, comenzamos el Ministerio en los Negocios, el cual me había inspirado Dios para llevar a cabo.

Ministerio en los negocios

En el 2005, Janet y yo organizamos nuestro primer evento, convocando a pastores y negociantes a orar por el Ministerio de Negociantes que Dios había puesto en mi corazón. Por seis meses, estuve trabajando simultáneamente en mi trabajo regular y otras veinte horas a la semana promoviendo el evento. Orábamos y ayunábamos por las personas que llegarían al evento y un equipo de líderes se reunía todas las semanas para orar por nuestra ciudad y región.

Realizamos el evento en la Biblioteca Presidencial Ronald Reagan, el cual es un lugar fantástico, y asistieron 350 líderes de negocios de toda la región. Nuestro primer evento y asistieron personas de todas partes. Recibimos una gran respuesta de múltiples iglesias. Durante la hora del almuerzo, hicimos un llamado a quienes querían recibir a Dios en su corazón y quince personas aceptaron a Jesús y nacieron de nuevo. Este fue realmente un gran evento para nosotros y Dios nos mostró que Su mano estaba con nosotros en esta poderosa experiencia. La vida de muchas personas cambió y muchos hablaron sobre este evento por varios meses después. Fue algo excepcional que cambió la atmósfera en toda nuestra región.

Luego de seis meses preparándonos fuertemente para este evento y tomando en cuenta mi horario tan demandante, mi esposa y yo acabamos muy agotados. Planificamos viajar hacia el Caribe para relajarnos inmediatamente después del evento, el cual se llevó a cabo el día sábado. Habíamos invitado a nuestros pastores a cenar en nuestra casa la semana anterior al evento para ver qué consejos tenían para nosotros. Ellos vieron el liderazgo que Dios estaba preparando para nosotros y sabían que cuando aumenta la autoridad, también llegan nuevas responsabilidades. Ellos sabían que si nos íbamos de viaje —lo cual significaba que no estaríamos en la iglesia el Domingo después del evento —podíamos perder oportunidades e inclusive enviar el mensaje equivocado. Vuelvo y repito, este hombre a quien respeto y decidí honrar me estaba diciendo algo que, francamente, no quería escuchar.

Para nosotros, parecía como un merecido descanso, pero nuestros pastores, en ese entonces, vieron que no era la mejor opción. Teníamos que tomar una decisión. ¿Escucharíamos su consejo y lo honraríamos, o haríamos lo que queríamos hacer?

Janet y yo hablamos y oramos juntos al respecto. Entonces, decidimos seguir su consejo y posponer nuestro viaje. Cambiamos los vuelos y nos costó cientos de dólares. En vez de viajar directo, tuvimos que cambiar de aviones en la ciudad de México. Al fin y al cabo, el cambio nos costó un día completo de nuestras vacaciones, pero sentimos que lo correcto era honrar a nuestros pastores.

No solamente fue un evento exitoso, sino que muchas de las personas quienes no eran cristianas vinieron a visitar la iglesia el día después del evento y nosotros estuvimos allí para recibirlos.

Dios no bendice aquello que va en contra de Sus principios. No se trata de construir nuestro reino —se trata de construir el Reino de Dios. Definitivamente, el ministerio para nosotros no se trata del dinero. El ministerio se trata de personas y de vidas que cambian y se dirigen a Dios. Pero, el ministerio también se trata de los principios que hemos estado compartiendo y muchos de estos culminan en este concepto de honor —honrando a Dios con temor reverente y honrándonos unos a otros por encima de nosotros mismos.

Honor en cambiar las circunstancias

En el año 2010, mi esposa me preguntó si podíamos visitar otra iglesia para escuchar a un predicador invitado. Todavía no lo sabíamos, pero había un cambio que estaba por venir.

Inicialmente, no quería ir. Después de todo, éramos parte de nuestra iglesia. Mis palabras fueron algo así como: "No, yo voy a *mi* iglesia. No voy a la iglesia de otros". Pero esta era la "religión" hablando. Estar en una relación significa escuchar a Dios (como ya mencioné, ¡frecuentemente, puede sonar como la voz de mi esposa!)

"Oh Mike", dijo Janet, "¡Por favor!" En ese momento, sentí una urgencia de parte de Dios para ir con ella. Entonces, en este momento de solidaridad, decidimos ir a nuestra iglesia primero y luego ir a escuchar al predicador invitado a la otra iglesia.

Cuando llegamos a nuestra iglesia, me pareció que la música estaba especialmente hermosa aquel día. Sentí la presencia de Dios de una forma poderosa —más de lo usual. ¡No podía ni soñar que algún día me iría!

No obstante, mientras disfrutábamos de la presencia de Dios, sentí que me decía: "Tu temporada aquí terminó". Yo le había dicho a mucha gente que nunca me iría, pero en un instante, Dios me decía algo diferente.

No le dije nada a Janet. Simplemente, estábamos sentados uno al lado del otro y yo pensando en lo que Dios había puesto en mi corazón. Pero no le dije una palabra a ella ni a nadie más. Fuimos a escuchar al invitado especial, pero todo el tiempo estuve meditando en lo que Dios había dicho.

Tres semanas después, Janet y yo estábamos sentados en nuestra sala hablando y le dije: "Amor, hace unas tres semanas, en la iglesia, sentí que Dios me dijo que nuestra temporada en nuestra iglesia había llegado a su fin".

Ella me miró fijamente. "¿Qué?" Pensé que ella no me creía, pero entonces dijo: "Hace tres semanas, cuando estaba orando, Dios me dijo que nuestra temporada en nuestra primera iglesia había terminado. Le dije que, si esto era cierto, ¡debía decírtelo a ti!"

Estaba sorprendido, pero no escandalizado. Dios trabaja en unidad y Janet y yo siempre hemos practicado honrarnos el uno al otro por encima de nosotros. Así que, Dios nos hablaba de esta forma, en armonía.

Sin embargo, no sabíamos cuál sería el próximo paso. Esto no fue idea nuestra, sino que Dios nos había dicho que nuestra temporada allí había terminado. Dios todavía no nos había mostrado donde debíamos ir. Recuerda que esta era la iglesia donde Dios nos había bendecido. Les ayudamos a renovar y a construir. Dios había bendecido nuestro negocio de forma sobrenatural estando ahí. De la misma forma, nos enseñaron y crecimos bajo el liderazgo de nuestro pastor. Él era un amigo cercano y me había sometido a él y a su autoridad espiritual. No quería herirlo a él ni a su esposa de ninguna manera. Sabía que cuando las personas se van de la iglesia, es doloroso para los pastores. Solo quería obedecer a Dios, pero quería continuar honrando a mi pastor. ¿Cómo se supone que haríamos eso, si obedecer a Dios significaba dejar nuestra iglesia?

La mayoría de las veces cuando alguien se va de una iglesia no queda ninguna relación después —es como un rompimiento. Dices que serán amigos, pero la realidad es que después no queda ninguna relación. No queríamos eso.

Decidimos honrar a nuestros pastores hablando con ellos —una conversación muy incómoda. (¿Recuerdas cuando dije que manejar un negocio de forma sobrenatural significaba tener conversaciones difíciles? Este es un ejemplo). Hicimos una cita con ellos y dijimos: "Sentimos que nuestra temporada aquí ha terminado. No estamos disgustados con nadie. Los amamos a ustedes y a la iglesia".

Todavía seguimos ofrendando a la iglesia hoy, ya que Dios nos dijo: "Quiero que sean de bendición y den a esta iglesia por el resto de sus vidas". Además, somos cuidadosos en honrarlos con lo que decimos y hacemos.

Ahora digo que tengo dos pastores: mi primer pastor y el pastor de nuestra iglesia actual. Sigo teniendo una fuerte relación con mi primer pastor porque nuestro interés principal es honrar a Dios y también a él, aun cuando hicimos ese cambio. Debido a esto, pudimos conservar esa relación —aunque debíamos seguir otro camino.

Janet y la esposa de nuestro primer pastor mantienen una relación cercana. El honrarse mutuamente hizo posible que nos mantuviéramos conectados. Hemos podido ayudar la iglesia a través de los años y hemos estado a su lado para apoyarlos en múltiples situaciones. Habiendo dicho esto, no creo que hubiésemos podido preservar la relación si no hubiera sido por el honor.

Honor en las relaciones

Un hermoso Salmo dice que la armonía es como el buen aceite que fue derramado sobre Aarón, el hermano de Moisés (ver el Salmo 133:2). En la Biblia, se utiliza el aceite de forma medicinal, pero también se utiliza para marcar algo con mucho significado. La idea era que derramarían este aceite costoso sobre su cabeza, y fluiría sobre él como una marca del favor de Dios sobre su vida. Esto es como una ilustración de hacer algo extravagante para demostrar que esta persona es especial.

Piensa en como hoy día el aceite moderno lubrica piezas en movimiento para que haya menos fricción y se conecten suavemente.

El honor es ese lubricante entre las relaciones. Cuando nos honramos por encima de nosotros mismos —cuando somos humildes para servir a los demás, pensando en ellos antes que en nosotros —creamos un ambiente de honor.

En un negocio sobrenatural, esto debe comenzar desde arriba contigo, ya que ese es el modelo de parte de Dios. Podemos ver a Dios en tres personas distintas Dios Padre, Dios Hijo y Dios Espíritu Santo. Es un Dios en tres personas y la forma en que interactúan nos demuestra armonía. Jesús no consideró Su igualdad con Dios como algo que tenía que ser captado por los demás. Él se humilló para honrar la voluntad del Padre. Jesús habló lo que el Padre le dijo que hablara, así como lo hace el Espíritu Santo hoy. Ellos personifican el concepto de honrarse el uno al otro y este es el modelo por seguir para nuestras relaciones.

El libro de Efesios nos dice que imitemos a Dios en todo lo que hacemos y que nos demos preferencia unos a otros por respeto a Jesús (ver Efesios 5:1, 21). Esto puede lucir diferente de una relación a otra y en diferentes fases de la vida, pero el denominador común es el honor. Cuando honramos a Dios y nos honramos unos a otros primero, todo lo demás se conectará con facilidad. Cuando somos egoístas y estamos llenos de orgullo, es como si tuviésemos arena entre las piezas que nos unen, en vez de aceite.

Así como honrarnos diariamente es de gran ayuda para mi matrimonio con Janet, el honor me ayudó con la transición de la relación con mi primer pastor. Por dieciocho años, tuve una relación muy cercana con él y casi lo llamaba diariamente. Mientras nuestra relación cambiaba, a veces pasaban semanas sin hablarnos, pero aun así lo honraba.

En una ocasión, me dijo que quería compartir algo conmigo, pero que sabía que ya no era mi pastor. Le dije: "Escúchame, siempre serás mi pastor". Necesitaba darle el permiso de nuevo para que continuara hablándome con sinceridad, aunque nuestra relación había cambiado.

Deseaba y necesitaba que él sintiera que podía continuar hablándome con honestidad y todavía lo hace.

Idealmente, las relaciones pueden cambiar. El honor ayuda a lubricar el cambio y mantiene nuestras relaciones lo suficientemente flexibles para poder aflojar y apretar en vez de romperse debido a la fricción.

El honor abre paso a lo sobrenatural

El honor crea un ambiente donde puede ocurrir lo sobrenatural. Quizás recuerdes una historia sobre el ministerio de Jesús cuando fue a Su pueblo natal, pero debido a la incredulidad de la gente, no pudo hacer grandes milagros allí. Existe una conexión entre el honor y lo sobrenatural. En un lugar donde hay mucho honor, verás muchos milagros. Donde hay falta de honor, verás una falta de lo sobrenatural.

Esto comienza honrando a Dios. Honramos a Dios al honrar a las personas —y no tan solo a las personas con autoridad. Mientras que honramos absolutamente a las personas de autoridad, debemos honrar a todas las personas. Honramos a Dios cuando tratamos a los demás con dignidad y respeto, aun cuando no tienen absolutamente nada que nos pueda beneficiar. Cuando tratamos con respeto a quienes están en autoridad sobre nosotros, honramos a Dios. Pero cuando tratamos con respeto y justicia a quienes están en una posición menor a la nuestra, también honramos a Dios.

Podemos crear un ambiente de honor en nuestras vidas y negocios de tal forma que le demos la bienvenida a Dios. Pienso que es vital honrar a cualquier persona que esté en autoridad sobre ti. Esto puede significar tu jefe, tus padres y dentro de la iglesia, tu pastor u otra autoridad espiritual. En nuestra nueva iglesia, algunos de los pastores directores son más jóvenes que yo y están encargados de supervisar algunas áreas, como el ministerio para negociantes —lo cual significa que están sobre mí. Espiritualmente, son mis jefes, y creo que es esencial que honremos a estas personas.

Soy de los que creen que debemos tener una relación cercana con nuestro pastor. Quizás no sea el tipo de relación donde se toman un café juntos, dependiendo del tamaño de la iglesia. A lo mejor, su conexión más cercana sea con uno de los pastores asociados o con un líder de grupo. El punto es que nuestra parte es honrar y el honor opera por medio de las relaciones.

Cuando era parte de nuestra primera iglesia, les entregué una copia de mi horario para que supieran a cuáles servicios asistiría en caso de que estuviese viajando. Lo hice como una manera de honrarlos y también lo hago en nuestra iglesia actual. He estado haciéndolo por muchos años y siempre me comentan que sienten respeto y admiración por este gesto. En adición, les ayuda a saber cómo pueden orar por nosotros. Surge un sentir muy gratificante dentro de mi cuando me someto a la autoridad de mi iglesia. Soy el jefe en MRC, pero no soy el jefe del Reino de Dios y entregarles mi horario me hace recordar esta realidad.

Debemos orar por aquellos que están en autoridad sobre nosotros —incluyendo líderes políticos. En vez de destruirlos con nuestras palabras, ¿Qué pasaría si oráramos por ellos y los honráramos, estemos o no de acuerdo con sus políticas?

Tal vez hayas escuchado eso antes, pero en MRC decidimos hacer las cosas diferentes también. ¿Qué sucedería si comenzáramos a hablar solo respetuosamente sobre nuestros clientes? Decidimos, como compañía, que no nos quejaríamos más internamente acerca de nuestros clientes. Al momento de escribir este libro, hemos estado haciendo esto desde hace un año. Esto ha cambiado la atmósfera de tal forma que hablamos bien de las personas, aun cuando pudiésemos estar frustrados con ellos. Cuando algo no está funcionando bien, hablamos con ellos —no nos quejamos de ellos tras sus espaldas. Honramos a las personas en la forma en que hablamos de ellos y esto crea un buen ambiente entre nosotros.

Cuando se trata de tiempo, la forma en que usamos nuestro tiempo y respetamos el tiempo de las personas es una manera de honrar a los demás. Trato de honrar el tiempo de las personas haciendo algunas cosas como, por ejemplo, llegar preparado para las reuniones y enviar emails o textos para coordinar una llamada. Pues bien, en MRC seguimos una regla la cual dice que todos debemos registrarnos en la recepción al llegar. Un hombre de nuestro equipo en MRC, también llamado Mike, llegó a mi oficina un día sin tener una cita. Estaba en medio de un asunto y le dije: "Hola Mike. ¿Puedes cerrar la puerta —y quedarte del otro lado?"

"¿Cuál es el problema?" preguntó.

"Pues, no me dijiste que vendrías —simplemente, entraste aquí sin decirle nada a la recepcionista". No tuvo cuidado en considerar el trabajo que hace la recepcionista para manejar el tráfico en la oficina. Ella estaba al tanto de quienes estaban disponibles y lo que estaban haciendo, incluyendo si estaban haciendo algo muy importante. A menos que el edificio estuviera ardiendo en llamas, quería que demostrara respeto al decirme que vendría. Estaba haciendo algo muy importante y me estaba interrumpiendo —fuera o no mi amigo. Podemos demostrar a los demás cuanto los honramos y respetamos de acuerdo con la forma como respetamos su tiempo. No podemos asumir que nuestras prioridades son más importantes que cualquier cosa que puedan estar haciendo.

El honor produce unidad

Anteriormente, mencioné que el honor es el lubricante que suaviza las relaciones. El Salmo que mencioné comienza así: "¡Cuán bueno y agradable es que los hermanos convivan en armonía!" (Salmos 133:1). Este es el tipo de armonía que ocurre cuando nos honramos unos a otros y hace algo sumamente especial —crea una atmósfera de *acuerdo.*

En Filipenses, Pablo escribe que, si hemos aprendido alguna cosa siguiendo a Jesús, si Su amor ha hecho alguna diferencia en nuestras vidas, si estar en una comunidad del Espíritu significa algo para nosotros y si tenemos un corazón bondadoso, debemos estar en acuerdo y amarnos unos a otros. El honor produce este tipo de acuerdo. Pablo dice: *"No hagan nada por rivalidad o por orgullo, sino con humildad, y que cada uno considere a los demás como mejores que él mismo. Ninguno busque únicamente su propio bien, sino también el bien de los otros"* (Filipenses 2:3-4). En otras palabras, hónrense unos a otros más que a ustedes mismos.

Quiero estar en acuerdo con mis pastores y mi iglesia. Honrarlos a ellos ayuda a crear unidad. Pero créeme, mientras más cercana la relación, mucho más poderosa y fantástica será la armonía. Si nunca has experimentado esto, permíteme decirte que la verdadera armonía y acuerdo con tu cónyuge es algo *fantástico*. He cometido grandes errores —cientos de miles de dólares —y puedo rastrear directamente los más grandes errores que he cometido en los momentos en los que no estábamos en unidad, pero aun así seguí adelante.

Estar de acuerdo cambiará completamente la dinámica en tu hogar. En vez de tolerarse mutuamente, honrarse el uno al otro antes que a ti mismo produce unidad y armonía y mejorará la atmósfera en la familia. Cuando Janet y yo hemos estado de acuerdo en que Dios nos está dirigiendo a que hagamos algo, *siempre* nos ha dado buenos resultados con nuestro negocio —en cada cosa. ¡Esto es algo poderoso!

Lo creas o no, la unidad puede cambiar el ambiente de un negocio sobrenatural. Imagínate trabajar como una pieza bien lubricada en armonía y acuerdo. ¿Cómo afectaría esto el trabajo en equipo, la colaboración y las interacciones —dentro y fuera de tu negocio? Una cultura de honor ha hecho renacer la atmósfera en MRC. Esto deja una marca en cada trabajo que hacemos. El honor produce ganancias mutuas y eleva nuestra habilidad para servir a nuestros clientes a un mayor nivel.

No, nuestra compañía no es de las que tienen una reunión de alabanza y oración tras otra —estamos trabajando. Hablamos la verdad con amor y no estamos hablándonos de versos Bíblicos unos a otros. Trabajamos en unidad y armonía y hacemos mucho más de lo que realizaríamos sin una atmosfera de honor. Puedes sentir la diferencia en nuestra oficina y te garantizo que nuestros clientes también pueden sentir esto. Imagina todo lo que puedes cambiar cuando promuevas el honor dentro de tu negocio sobrenatural.

Cuando nosotros, en MRC, estamos en un estado de unidad y acuerdo, vemos como la gente trabaja unida por una misma meta y propósito. En realidad, estar unidos es parte de la cultura de nuestra compañía. ¿Cómo lo hacemos? Hacemos cosas tales como compartir consistentemente las metas y la visión de la compañía, y así colaboramos juntos como un equipo. Al hacer esto y permitir que el liderazgo pueda expresar su opinión en cuanto a la instrucción, proyectos o metas de la compañía, podemos sentir aceptación de parte de los empleados y una cultura de unidad. Hemos visto que cuando trabajamos en unidad, Dios nos bendice. Esto también funciona en los negocios, matrimonios, iglesias y familias.

Honor en el campo de batalla

Como mencioné anteriormente cuando hablábamos de las pruebas, ¡esta vida puede ser una batalla! Mientras tengamos problemas en la vida, necesitaremos personas que estén a nuestro lado. El honor se puede manifestar ayudando a nuestros amigos y seres queridos cuando están en medio de una batalla. Cuando servimos, ayudándoles en sus dificultades, los estamos honrando.

Los clientes que he apoyado durante sus momentos difíciles están increíblemente agradecidos. Cuando pude haberlos abandonado, elegí honrarlos y esto creó confianza. Cuando necesitan ayuda, soy el primero a quien llaman. Este tipo de honor no se olvida fácilmente —las personas recuerdan aquellos que estuvieron con ellos durante los tiempos oscuros. En tu iglesia, esto puede significar apoyar a quienes están en posiciones de autoridad espiritual cuando tienen que tomar una posición para defender los caminos de Dios en contra de la cultura popular.

El honor es como un combustible. Impulsará y reformará tu hogar y tu negocio. Creará una armonía que hará que tu negocio sea sobrenatural, ya que fomentará la unidad que lleva a una atmósfera de *acuerdo*. ¡Espera y verás lo que Dios hará cuando demuestres honor!

CAPÍTULO 10:

El cambio de atmósfera

En el capítulo anterior, mencioné que honrar unos a otros crea unidad y cambia la atmósfera, pero el poder que esto tiene para transformar un negocio (incluyendo un negocio "cristiano") en uno sobrenatural es muy importante. Me gustaría dedicar más tiempo a este tema. Como has podido notar, hemos progresado desde los fundamentos esenciales de la integridad hasta la humildad, el servicio, la valentía y la perseverancia, antes de que habláramos sobre el honor porque cada uno edifica a los demás. Aunque estas no son las únicas características que Dios desea desarrollar en nosotros, son las que Dios ha construido en mi propia vida. Estas características y algunas otras han cambiado la atmosfera en *Mike Rovner Construction* y nos han llevado desde manejar un negocio, a manejar un negocio cristiano y luego a tener un negocio sobrenatural.

Cada año, comienzo orando para que Dios me ayude a elegir un tema específico para el resto del año. El año antes de escribir este libro, el tema que elegí fue 'El cambio de atmósfera'. Este se convirtió en nuestro tema oficial durante nuestra reunión anual de superintendencia durante ese año. Decidimos comenzar a implementar algunas de las cosas que he mencionado en este libro. Por ejemplo, no quejarnos de nuestros clientes. Pudimos ver un aumento en la unidad y armonía que resultó en una mejor colaboración dentro de la compañía y con nuestros clientes. Y ya que estamos unidos a ellos, nos hemos enfocado en ayudar a nuestros clientes a prosperar.

No es coincidencia que ese año fue el mejor que nuestra compañía *jamás* había tenido. Dios comenzó a mostrarme como todas estas características que he mencionado pueden cambiar la atmósfera y transformar una compañía en un negocio sobrenatural.

El cambio de atmósfera en MRC comenzó con nuestra reunión de superintendencia y luego prediqué sobre estas cosas en la iglesia. Tuve pláticas en nueve ocasiones durante ese año, en nueve iglesias diferentes y Dios continuó infundiendo en mi la idea sobre el significado de una atmósfera sobrenatural. Comencé a pensar que, si Dios podía hacerlo en la iglesia, ¿Por qué no también en un negocio?

El honor que mostrábamos unos a otros comenzó a producir ideas asombrosas. Comenzamos a tener rifas los lunes por la mañana de interesantes productos como taladros, cintas de medir o camisetas. También comenzamos a reconocer a miembros del equipo que representaban muy bien los valores de nuestra compañía. Los lunes comenzaron a ser divertidos con empleados que venían a trabajar con una expectativa positiva. ¡A todos nos gusta ser reconocidos por hacer un buen trabajo y ganar cosas gratis! Pero mi punto principal no es darte una lista de las cosas que hicimos para crear diversión en MRC. Solo quiero que entiendas lo que significa el cambio de cultura.

Te diré esto, sin embargo: El cambio en la cultura no concluyó con la oficina y nuestros proyectos. También incluyó el trato hacia nuestros clientes (sin quejarnos y no hablar de ellos negativamente), así como la forma en que decidimos trabajar con nuestros contratistas y vendedores.

No patear a las personas

Mientras orábamos y seguíamos la dirección de Dios para cambiar la atmósfera en MRC, recibí una llamada sobre uno de nuestros proyectos en el Norte de California que no estaba saliendo bien. El dueño se quejaba de que mi equipo estaba peleando con su equipo y los subcontratistas estaban peleando con los vendedores. Todos estaban peleando y el trabajo estaba paralizado.

Eventualmente, llegué al fondo del problema —un subcontratista no estaba haciendo su trabajo porque luego de haber entregado un estimado para ese proyecto, el precio de los materiales aumentó un 40 por ciento. No quería hacer el trabajo porque estaba perdiendo dinero —estaba en una mala posición. Decidí llegar allá para ver cómo podía ayudar.

Viajé y me reuní con nuestro equipo. "Escuchen", les dije, "este hombre está en problemas. Está perdiendo dinero". Ellos entendieron, pero estaban enfocados en que el subcontratista tenía que finalizar su trabajo. Entonces les dije: "comprendo, pero no pueden patear a alguien cuando ya está en el suelo. Como compañía, no pateamos a las personas, especialmente cuando ya están en el suelo".

"Esto es lo que quiero hacer", les dije. "Quiero que provean toda la ayuda necesaria que puedan. Si necesita ayuda extra, denle una mano. Si necesita materiales, provéanselos. Si necesita clavos y tenemos los clavos, denle algunos clavos". Quería verdaderamente que ellos entendieran lo siguiente: "Si él fracasa, nosotros fracasamos". Quería que lo tratáramos como si fuera empleado de MRC —no como un subcontratista. Otra de las cosas que hice fue ponerle fin a una serie de emails que circulaban fuera de control. Recordé a nuestra gente que habíamos acordado hablar bien sobre las personas y no de forma negativa.

Luego fui a reunirme con el subcontratista. Estaba enojado y comenzó a desahogarse conmigo sobre el dinero que estaba perdiendo. Comenzó a alzar la voz ante mí y una parte en mi interior quería gritarle: "¡Haz tu trabajo!"

Más bien, dije: "Te entiendo". Lo dije como tres veces y, cada vez que lo decía, su voz bajaba un poco de tono. Finalmente, le dije: "Estoy aquí para ayudarte. Mis muchachos te ayudarán y hablaré con el dueño para ver si está dispuesto a negociar con nosotros y permitir que completes el trabajo".

Recibí una llamada la siguiente semana de parte del dueño. Me preguntó: "¿Alguna vez tomaste una clase de eficiencia y producción?" Le dije que no y respondió: "Cuando te fuiste del proyecto, la producción aumentó a más del 40 por ciento. No sé cómo lo hiciste, pero todo parece haber quedado perfectamente en orden".

Entonces, comenté: "No fui a ninguna clase, solo cambié la atmósfera".

Todo comenzó con nosotros —en la forma que tratamos a ese subcontratista, aun cuando estábamos frustrados con él. No podíamos controlar al dueño, pero si podíamos controlar nuestro propio comportamiento. Pude comunicarle al subcontratista que entendía su situación y hacerle sentir que lo escuchaba. Y pude interceder por él ante el dueño, porque sabía que, si él fracasaba, nosotros fracasaríamos también.

Cambia la atmósfera, cambia vidas

Cuando permites que Dios cambie las cosas, nunca sabrás como esto puede impactar la vida de alguien. Estaba haciendo un segundo trabajo para Oakwood, una gran compañía con negocios muy importantes para nosotros. Tuve que trabajar con un subcontratista especialista en hierro forjado, Gerardo, quien era muy bueno haciendo su trabajo, pero no muy talentoso para las negociaciones.

Me dijo que su precio sería $350,000 y esta cantidad estaba por encima del presupuesto. Cuando se lo dije: él contestó: "Realmente necesito este trabajo. Lo mínimo por lo que lo puedo hacer es por $310,000". Yo tenía $325,000 en mi presupuesto y sabía que si él lo hacía por $310,000 sería muy difícil para él.

Pude fácilmente haber tomado ventaja de Gerardo y quedarme con la diferencia, pero sabía que no sería conveniente para él. Sentí que tenía que cambiar la atmósfera en esa relación y puse todas mis cartas de negociación sobre la mesa al decirle cuál era mi presupuesto y que se lo daría todo a él. Gerardo estaba feliz porque no me aproveché de él, aceptando la oferta más baja. Hizo un trabajo excepcional en el proyecto —es un verdadero artesano.

En realidad, hizo tan buen trabajo, que comenzamos a contratarlo en repetidas ocasiones. Debe haber realizado alrededor de cuarenta trabajos en casi veinte años en nuestra compañía. Ese primer trabajo fue simplemente el comienzo de una gran relación de negocios. La calidad de su trabajo es una de las cosas que ha contribuido a la gran reputación de MRC.

Pero eso no es todo —Dios no había terminado.

Cuando construimos el edificio de la primera iglesia a la que pertenecíamos, lo cual mencioné al comienzo del libro, le pedí a Gerardo que me fuera a ver la iglesia y me diera un estimado. Cuando llegué, ya estaba instalando el hierro forjado. Le comenté: "No puedes comenzar sin antes decirme cuanto será el precio".

Me dijo: "Oh, no. No voy a cobrarle nada. Estoy haciendo este trabajo gratis para su iglesia. Esta es su iglesia y no puedo cobrar por esto".

Esta fue una gran bendición, ¡pero Dios *todavía* no terminaba! Gerardo estaba allí al día siguiente cuando mi pastor llegó y comenzó a hablar con él. No me dijeron sobre esto en ese momento, pero cuando fui a la iglesia el domingo, miré alrededor y, ¿Quién crees que estaba en mi iglesia? ¡Gerardo!

¡Estaba con su esposa y sus dos hijos ese domingo y toda su familia conoció a Jesús! Actualmente, es líder de grupos y es un poderoso hombre de Dios.

No he tenido el tiempo para dar detalles sobre cientos y cientos de personas que Dios ha puesto en nuestro camino y han aceptado a Jesús como resultado de haberse conectado con nuestro equipo en

MRC. Mucho más allá de cualquier ganancia o influencia, una y otra vez, Dios ha liberado personas, cambiado vidas y salvado almas. Todo esto ha sido resultado del cambio de atmósfera dentro de mi negocio.

Los verdaderos frutos de un negocio sobrenatural son las vidas que Dios cambia por medio del negocio. Los mejores beneficios que obtendrás por medio de un negocio sobrenatural no son de este mundo, sino del Reino de Dios.

Muchos cristianos líderes de negocios están tratando de hacer las cosas bien —no se acuestan con sus secretarias ni hacen trampa a sus clientes y están pagando los impuestos apropiados. Pero estas son solo cosas básicas de la decencia y no tienen que ver con expandir el Reino de Dios. Algunos oran cuando necesitan algo y dan una ofrenda ocasionalmente en la iglesia, pero Dios quiere que experimentes mucho más.

¿Sabes dónde fue que Jesús realizó la mayoría de Sus milagros? No fue en la sinagoga (templo judío). Fue en el ambiente de los negocios y mercados. Tu negocio es un milagro esperando ser realidad —la pregunta es: ¿Crees en Dios lo suficiente como para moverte en fe?

No lo hagas difícil

Cuando hablo con las personas sobre tener un negocio sobrenatural, muchos tienden a pensar que es complicado. Esto no es cierto —para tener un negocio sobrenatural, solo tienes que creer y responder a Dios mientras Él va haciendo cambios dentro de ti. He tratado de transmitirte los principios que Dios me ha enseñado, pero la obra de Dios en tu vida será diferente y única.

Mi esposa es un gran ejemplo de esto. Janet es estilista, pero anteriormente cuando era la asistente de cuatro estilistas muy ocupados, oraba mientras conducía hacia el trabajo. Ella oraba de esta forma: "Dios, que mis manos sean las manos de Jesús sobre estas personas, mientras lavo sus cabezas".

EL CAMBIO DE ATMÓSFERA

Es tan simple como eso. Dios usará eso. Pídele a Dios que use tu vida en este día y que te muestre oportunidades para servirlo a Él y a Su Reino. Ora para que Dios use tu vida como testimonio vivo en tu trabajo y que te dé pasión por Él y por Su Reino.

Es posible que pases por lo menos ocho horas al día trabajando —a veces, muchas más. ¿Cómo usarás esas horas para construir el Reino de Dios y no el tuyo propio? Ya sea que estés cortando cabello, aprobando presupuestos o firmando contratos, puedes pedir a Dios que te use para impactar a las personas para Él —¡Dios lo hará!

Mientras le contaba a un amigo sobre mi pasión de utilizar nuestros recursos para hacer cosas buenas, me dijo lo siguiente: "Mike, el plan de Dios para tu vida es ser un embajador para Jesucristo dentro de tu circulo de influencia". Sabía que se suponía que debía apoyar a la iglesia con mis finanzas. Esto se quedó dentro de mí —es una de las formas en que me doy cuenta de que algo viene de parte de Dios —y esto me ayudó a percatarme que cada una de las personas que lea este libro es también un embajador para Jesús en su lugar de trabajo. Piensa en lo que hace un embajador —lleva un pedacito de su país por doquiera que va. Tú debes ser así: un representante del Reino de Dios aquí en la tierra.

Jesús nos hizo a todos Sus embajadores cuando le dijo a Sus doce amigos más cercanos que compartieran lo que aprendieron de Él con todos los que conocieran y en todo lugar. Además, nos prometió que Su Espíritu nunca nos dejará (ver Mateo 28:19-20). No estás solo. Tienes el Espíritu Santo de Dios en tu corazón para ayudarte a compartir lo que Dios ha hecho en tu vida y tu negocio (ver Hechos 1:8). Dios te dará la pasión y entusiasmo para compartir lo que Él está haciendo dentro de ti. Las personas pueden notar fácilmente cuando estamos realmente emocionados por algo en particular. Y si ese algo es tu relación con Dios, de seguro lo compartirás y ellos querrán escucharlo.

Esto no significa que debes actuar de forma rara o religiosa. Tus palabras pueden ser sólidas y sanas y cuando las personas se den cuenta de que no eres raro o imprudente, eventualmente confiarán en ti (ver Tito 2:7-8).

Piénsalo de esta forma: Cuando descubres una nueva canción, una forma de ahorrar dinero o un asombroso restaurante, ¿te sientes mal por contárselo a los demás? ¡No! Deseas compartirlo porque estás emocionado. Esto es lo natural cuando testificamos acerca de las maravillas de Dios. Lo único que necesitas para comenzar es tu historia. No necesitas memorizar toda la Biblia, solo tienes que contar a los demás lo que Dios hizo por ti. Permite que Dios haga el resto.

Santiago nos dice que nuestras oraciones son poderosas y efectivas. Por esa razón, podemos comenzar orando por las personas que trabajan con nosotros. ¡Solo sé amable con ellos! Haz cosas buenas por ellos —no lo hagas para tratar de manipularlos, sino porque genuinamente deseas cosas buenas para ellos. Cuando hacemos el bien a los demás, nuestros críticos se quedan en silencio. La generosidad habla en voz alta —a veces, hasta más alto que una predicación. Como dije anteriormente, las personas nos están observando. Cuando los demás vean como manejas tus asuntos de forma consistente con tus valores, sus vidas serán impactadas positivamente.

Dios te ha enviado como un embajador que representa Su Reino entre las personas, y tu negocio sobrenatural puede ser el vehículo que Dios usará para que se encuentren contigo en el camino.

Éxito en las finanzas

El éxito, incluyendo el éxito financiero, es un resultado natural de operar en lo sobrenatural. Mi esposa Janet y yo hemos experimentado mucho éxito en las finanzas desde que decidimos dejar que Dios transformara nuestro negocio natural a uno sobrenatural. Ya te conté sobre cómo nuestro negocio se duplicó, triplicó e incluso creció más.

También te conté sobre el hecho de haber dado más dinero en un año del total que habíamos ganado anteriormente en años completos.

El éxito financiero que proviene de Dios es totalmente diferente al éxito que se describe en el sistema del mundo. En el mundo, las personas pueden ser exitosas, pero pueden terminar en la ruina, si no tienen el carácter para sostener lo que esto conlleva. Sin embargo, cuando dejas que Dios te transforme de un negociante a un negociante que opera en lo sobrenatural, Dios seguirá convirtiéndote en una persona a la que puede confiarle Su prosperidad. Proverbios 10:22 dice: *"La bendición del Señor enriquece a una persona y él no añade ninguna tristeza"* (NTV).

Las bendiciones del Señor te dan la capacidad para prosperar y este es el tipo de éxito que bendice a muchos, aun a las futuras generaciones. Solo mira la historia del pueblo de Dios —Dios los ha prosperado grandemente. Los patriarcas del Antiguo Testamento eran personas bendecidas. Ellos fueron de bendición para su nación y para el mundo.

Hoy el pueblo judío está en una posición única. En los Estados Unidos, representan 2 por ciento de la población, pero tienen control del 50 por ciento de las riquezas del país. Esto es el *favor* de Dios. Ellos creen que Dios los quiere bendecir —¡y Dios lo ha hecho!

La pregunta que tengo para ti es la siguiente: ¿Crees que Dios desea bendecirte?

Si todavía estás luchando con tu sentido de autoestima, si estás atascado en tus fracasos y pecados y te sientes condenado por la forma en que vivías antes —hace una década, un año o un día —entonces todavía estás aprendiendo lo que es el poder del inmerecido favor y gracia de Dios. Dios desea aclarar esas dudas y reemplazarlas con la confianza de saber que le perteneces solo a Él, adquirido por un valor y ahora estás justificado delante de Dios por medio de Jesús. Toda bendición que le ha dado a Jesús también desea dártela a ti.

Jesús nos dice que todo es posible para el que cree y con base en esto, el primer paso hacia el éxito financiero es creer que *en realidad* Dios desea bendecirte (ver Marcos 9:23). No es suficiente con creer que Dios existe; Él desea que verdaderamente creas que te recompensa cuando honestamente lo buscas a Él primero, antes que las demás cosas (ver Hebreos 11:6). Dios desea darnos toda bendición espiritual.

Pablo escribió que aprendió a vivir contento cuando no tenía nada, al igual que cuando lo tenía todo. Debido a que confiaba en que Dios lo iba a bendecir sin importar lo que estuviera sucediendo, pudo confiadamente decirles (y a nosotros) que Dios se hará cargo de todo lo que necesitamos porque Su generosidad es mucho mayor que cualquier otra cosa. (ver Filipenses 4:18-20). ¡Nadie puede ser más generoso que Dios!

Las bendiciones de Dios no tienen límite. En verdad, ¡Dios se deleita en dar buenas dádivas a Su pueblo! Sus planes para ti son de prosperidad y esperanza, lo cual me parece muy bien (ver Jeremías 29:11).

Entonces, ¿Qué sucedería si creyeras que todo esto es la verdad? ¿Qué sucedería si dejaras que Dios te convierta en un negociante sobrenatural y a tu compañía en un negocio sobrenatural?

Le diré cuál es la respuesta —un gran éxito en las finanzas como nunca habías experimentado.

Un día en la vida de un hombre de negocios sobrenatural

El cambio en nuestra vida es lo primero que ocurre. El éxito llega como un resultado natural. No tienes que esforzarte o "trabajar" con tus propias fuerzas para alcanzarlo. Te acercas a Dios y Él hará el cambio en ti. No obstante, muchos me preguntan: ¿Cómo es un día en la vida de un hombre de negocios que opera en lo sobrenatural? Soy cuidadoso cuando comparto esto, ya que mi horario no es igual al tuyo. El punto principal no es el horario, así como tampoco es "tener" los comportamientos que hemos estado compartiendo. El punto es la transformación que Dios está realizando en tu vida desde adentro hacia afuera. Por tanto, comparto como es un día, no para que lo puedas copiar, sino para que pueda ser de inspiración para tu vida.

Cuando comienzo mi día, me gusta comenzar adorando a Dios junto con mi primera taza de café. El café me puede ayudar a poner mi mente en marcha, pero la adoración es lo que hace que mi espíritu se mueva. Tengo una canción favorita que he estado escuchando por muchos años, de Rita Springer "Espíritu Santo Ven", y casi siempre se escucha en mi casa u oficina.

Antes de permitir que los requerimientos del día comiencen, siempre tomo el tiempo para empezar mi día con oración y acción de gracias. No tiene que ser por mucho tiempo, pero mi intención es someter mi mente a Dios primero. Quizás haga la siguiente oración: "Gracias Dios. Gracias Dios por quien Tú eres". Estoy recordándome a mí mismo quien es Dios —Omnipotente, Omnisciente, Omnipresente, eternamente bueno, Dios que nunca cambia, Él es el Principio y el Fin. Me gusta recordarme a mí mismo las características de Dios porque cuando sabes que tienes un Gran Dios, te das cuenta de que tienes muy pocos problemas.

Soy un hombre muy, muy ocupado, pero no importa cuán ocupado esté, me gusta pasar por lo menos treinta minutos de esta manera —alabando y adorando a Dios, dando gracias por quien Él es. No hay realmente una fórmula para hacer esto. Hago algo diferente cada día. Nuevamente, el punto no es las vanas repeticiones religiosas; el punto es pasar tiempo relacionándonos con Dios.

Si tienes un cónyuge o tienes hijos, quizás te puedas identificar con esto: Amo a mis hijos muchísimo, y aunque están creciendo, me gusta hablar con ellos diariamente. No estoy obligado a hacerlo. ¡Lo hago porque los amo y quiero escuchar sus voces! Los llamo solo para hablar, sin querer nada o tener ninguna agenda. Tan solo me gusta hablar con ellos.

Así debe ser el tiempo que pasamos con Dios —solo para pasar tiempo juntos.

Luego de pasar tiempo con Dios de esta forma, Él siempre me da dirección todos los días y sin fallar. Él siempre me susurra algo al oído que yo pueda decir o hacer. Cualquier cosa que hagas para reconocer a Dios en tu vida o pasar tiempo con Él, te reto a que hagas lo siguiente y después de haberlo hecho, *detente y escucha*. Dios desea hablar contigo, así como un padre desea hablar con sus hijos. No consumas tu tiempo solo pidiendo cosas y queriendo algo de parte de Dios. En vez de eso, simplemente pasa tiempo en Su presencia. El resto —todas las bendiciones, los cambios en nuestras vidas, todo el poder para evangelizar —viene como resultado natural de pasar tiempo con Él.

Las relaciones tienen que ver con la comunicación. Tus relaciones solo serán tan saludables como tu nivel de comunicación y no es algo diferente cuando se trata de Dios.

Asimismo, debemos entender que Dios no es el autor de la confusión. No es el deseo de Dios hablarnos de una forma indescifrable o confusa. Frecuentemente, le pido a Dios lo siguiente: "Dios, muéstrame que debo hacer hoy. Hazlo tan claro que no haya forma de que pueda cometer un error". Hago mucho esto mientras voy manejando mi vehículo. Mi ruta para la oficina es corta, entonces, no tengo tiempo para hacer largas oraciones religiosas. Yo sé que Dios puede y me hablará con claridad —si estoy dispuesto a *escuchar*.

Cuando llego a la oficina, antes de encender cualquier cosa y hundirme en emails o reuniones, me gusta escribir las cosas que están en mi corazón. Muchas veces, tiene que ver con mi trabajo, pero puede ser otra cosa como comunicarme con alguien y darle ánimo. Frecuentemente, Dios pone a alguien en mi corazón para que le llame o le dé ánimo. Tengo muchas notitas escritas debajo de mi computadora, con cosas que Dios me ha dicho —cosas como: "Bloquea el ruido", o "Ahora es el momento de ser completamente franco y sincero en todo". Estas son cosas que no quiero olvidar en medio de los quehaceres del diario vivir y el trabajo. Cualquier cosa que escuches cuando Dios habla a tu vida, te animo a que la *escribas*. Recuerda que en un contrato no hay nada real hasta que no esté por escrito. De la misma forma, cuando escribes lo que Dios te habla, se hace una realidad para ti. Créeme, si no lo escribes, se te olvidará con el tiempo.

Mi mayor consejo aquí es tener la intención, pero guiado por el Espíritu. Es un balance, así como muchas cosas en el cristianismo. Busco lo que el Espíritu quiere decirme, pero también tengo una base de datos con las veinte personas más cercanas a mí porque quiero asegurarme de estar en contacto con ellos constantemente. Muchos son clientes, empleados, vendedores, pastores o algunos a quienes estoy adiestrando. Me aseguro de comunicarme con ellos por lo menos una vez por semana.

Para mí, los martes son especiales. Los martes me reúno con Chuck Damato, el capellán de nuestra compañía. Esta persona no tiene que ser parte del personal de tu compañía, pero si tienes a alguien que se ponga de acuerdo contigo en oración, es una forma poderosa de invertir su tiempo —orando juntos en acuerdo. Oramos por la compañía y por las personas para quienes trabajamos. Oramos para que conozcan a Jesús o para que conozcan a Dios de una mejor forma —por sus familias, matrimonios, hijos. Oramos para que sean bendecidos, sanados o cualquier otra cosa por lo cual nos sintamos inspirados a pedir.

Finalmente, mientras te doy ejemplos de las cosas que hago, te insto a que busques maneras para dar todos los días. Busca la forma para servir. Deja de enfocarte en ti mismo y haz que tu vida sea para servir y dar como una forma de retroceso hacia la tendencia de poner toda la atención en nosotros mismos. Dar es tu mejor defensa. Recuerda: ¡el corazón de la humildad es depender de Dios!

Aviva tus ideas

Estas son solo algunas cosas que hago, pero espero que aviven algo en ti sobre lo que es vivir y trabajar de forma sobrenatural. Recuerda: la forma en que comienzas establecerá la atmósfera por el resto de tu día. Cuando lo primero que haces es comenzar a leer emails, te está preparando para tener un día dominado por ese tipo de pensamientos. Cuando lo primero que haces es sumergirte en Dios, estás preparando la escena para una atmósfera sobrenatural que cambiará las vidas a tu alrededor.

¿Qué tipo de atmósfera quieres respirar todo el día? ¿La tiranía de lo inmediato o el aliento de vida de parte de Dios? ¡Yo elijo a Dios! Sabiduría para tu día, el poder para obedecer a Dios, el corazón del Padre y te espera mucho más en un ambiente de un negocio sobrenatural. Sin importar cuánto tiempo hayas sido salvo o cuán cerca de Dios estés, Él anhela que te acerques más a Él.

Dios no desea que tu negocio sea moral, ético o rentable. Él quiere que sea *sobrenatural*. Él quiere usar tu negocio para cambiar vidas —comenzando con tu propia vida y extendiéndose a empleados, vendedores e incluso, clientes.

CAPÍTULO 11:

Creer

Comenzamos este libro al hablar sobre la certeza de que puedes poner en práctica métodos inteligentes para tu negocio que parecen buenos... pero no genuinamente crecer, esforzarte, prosperar o sobresalir, porque estás poniendo tu atención en las cosas incorrectas —las cosas de este mundo, en lugar de en las prioridades de Dios. He hecho lo mejor posible para presentarte lo que es un negocio sobrenatural.

La transformación no se trata de mejoramiento propio, adquirir nuevas técnicas de negocios o para que personas cristianas participen en tu visión. Dios desea cambiar la atmósfera de tu vida y tu negocio y revolucionar como te ves a ti mismo, tu propósito y tu negocio. Dios llenó la Biblia con historias de personas que experimentaron este tipo de conversión que cambió sus vidas una y otra vez, demostrando que no fue su arduo trabajo, inteligencia o compromiso lo que hizo la diferencia. Dios no los bendijo por ser personas de integridad, humildad, servicio, perseverancia o valor antes de haberlos llamado.

No, esas cosas fueron el *resultado* de la influencia de Dios en sus vidas. Ellos fueron el resultado de pasar de ser personas estancadas en lo natural a ser empoderados por lo sobrenatural.

Mencioné anteriormente que esperaba que a través de este libro tu curva de aprendizaje pueda disminuir. Mi oración es que hayas visto los resultados luego de que Dios me moviera hacia lo sobrenatural y en vez de fijarte en una lista de qué hacer acerca del carácter, hayas visto que es Dios quien desarrolla estas cosas dentro de nosotros.

Entonces, ¿Cómo podemos llegar a esto? *Creyendo*.

Cualquier cosa es posible

No sé dónde te encuentres en tu trayectoria. Es posible que estés avanzando en el camino donde Dios está desarrollando lo sobrenatural dentro de ti y tu compañía. No obstante, puede ser que hayas leído este libro *con el deseo de* creer. En este momento, puedes estar deseando que estas cosas sean reales y puedas estar pensando que las historias que compartí son muy buenas para ser realidad.

Estas historias no son muy buenas para ser verdad; ¡son demasiado buenas porque provienen de Dios!

Hay una gran historia en la Biblia sobre un hombre que estaba agotado y exhausto. Trajo su hijo a los discípulos de Jesús para que oraran por él y lo sanaran, pero ellos no pudieron ayudar al muchacho. Entonces, lo llevaron con Jesús y el padre le pidió a Jesús que lo ayudara, si fuera posible.

Jesús le dijo a este hombre que cualquier cosa es posible si una persona cree (ver Marcos 9:22-23).

Entonces, el padre dijo algo que sería de mucho aliento para alguien que está agotado y trata de aparentar entusiasmo. El hombre dijo que creía —y entonces le pidió a Jesús que le ayudara a *vencer su incredulidad*.

Era todo lo que Jesús necesitaba. Jesús oró por el hijo del hombre y el muchacho fue liberado y sanado en ese instante —permanentemente.

La transformación permanente solo está esperando que tú creas. Quizá en este momento, estás como ese padre —agotado y exhausto. Tal vez, lo único que puedes hacer ahora es decir a Jesús que quieres creer. Eso es suficiente para que Él pueda trabajar en ti.

Dios desea cambiar tu atmósfera. Él quiere cambiar la atmósfera de tu negocio. Él desea usar tu vida y tu negocio para impactar las vidas de las personas.

¿Se lo permitirás?

Dios no está esperando tu arduo trabajo o compromiso para forzarte a seguir avanzando. Dios quiere que creas que Él y Sus caminos son más poderosos y pertinentes para ti y tu negocio que cualquier cosa que este mundo pueda ofrecer.

Si ese eres tú —si crees que estás listo para entrar en lo sobrenatural —entonces, ya es la hora de hacer precisamente eso. Ya es el momento de salir de la barca, a pesar de viento y marea. Es hora de hacer lo correcto, aunque parezca que perderás dinero. Es hora de hacerlo a la manera de Dios, aun cuando todos los libros en el estante digan que debes hacer lo opuesto.

Si estás listo para manejar un negocio sobrenatural, díselo a Dios y da un paso hoy hacia el futuro que Él ha diseñado para ti. Nunca volverás a mirar hacia atrás.

El poder de la oración

Quiero reiterar esto una vez más: Un negocio sobrenatural depende de la oración. Si no te llevas nada de este libro, sigue adelante sabiendo que una firme relación personal con Dios a través de la oración es el componente vital de tu negocio sobrenatural.

No hay nada que pueda sustituir el que ores para tu negocio, pero la cristiandad nunca fue diseñada para vivirse a solas. Somos personas que nos relacionamos y una red de apoyo a través de la oración, a mi entender, es absolutamente esencial. Las oraciones efectivas de los justos tienen un impacto muy significativo. Entonces, busquemos personas comprometidas con la oración y que entiendan el poder que la oración tiene para cambiar cosas —¡y pídeles que oren por ti y por tu compañía! Nadie jamás me podrá decir que la oración no funciona. Yo he visto cómo cambia personas, circunstancias y a mí mismo en incontables ocasiones. Estoy absolutamente convencido de que Dios contesta oraciones y hace milagros —los he visto en demasiadas ocasiones como para pensar lo contrario.

Las mejores decisiones que he tomado surgieron después de haber pasado tiempo con Jesús. ¡Él me ha hecho lucir inteligente y desea hacer lo mismo por ti! Dios desea que nuestras elecciones y decisiones sean como las de Él y que estén empoderadas por medio de la sabiduría que solo proviene de Él.

Vive con integridad

Si Dios me ha dado un mensaje de por vida, es vivir con integridad. Un negocio y vida sobrenatural comienzan con integridad porque es el fundamento que Dios utiliza mientras va construyendo nuestro carácter. Moverse de lo natural hacia lo sobrenatural no sucede de la noche a la mañana; es el resultado de la obra transformadora de Dios y Él comienza trabajando en tu carácter.

A medida que Dios comenzó a trabajar en mi integridad, me dio más responsabilidad y autoridad. Dios te promoverá, mientras vayas adquiriendo el carácter necesario para sostener la responsabilidad. Él no desea que el éxito te arruine, por tanto, se asegurará de que tengas el fundamento de la integridad antes de comenzar a promoverte. Dios incluyó la integridad en todo lo que hago y puso en mí una impresión de que esta es una de las partes más esenciales del cambio de vida que Él anhela hacer dentro de cada hombre de negocios sobrenatural.

Tu integridad es como te conduces cuando piensas que nadie te está observando, pero yo he aprendido que hay alguien que siempre está *observando* nuestro ejemplo. Están mirando como enfrentarás los retos, oportunidades e incluso, las victorias. ¿Cómo usarás la influencia que esto te trae? ¿Estarás coqueteando con la línea entre lo ético y lo no ético? Estarán observando cómo te balanceas sobre la línea y si lo haces, te verán caer en el lado incorrecto.

Dios me mostró que la mejor forma de evitar caer en el lado equivocado de la cerca es manteniendo mi distancia y este es el mismo consejo que yo te doy. No busques mirar cuán lejos puedes llegar sin estropear el asunto. En vez de esto, abraza la integridad y construye confianza. La confianza es como el dinero; puede llevarse toda una vida para llegar a tenerla, pero se puede perder en un instante. Presérvala y protégela con integridad. Permite que quienes sean parte de tu círculo de confianza más cercano tengan el derecho de velar por tu integridad.

Abraza un estilo de vida de humildad

Cuando dejamos que algunas personas elegidas nos hablen con sinceridad, requiere que llevemos una vida de humildad. Para poder rendir cuentas sobre la integridad a la que Dios me ha llamado, le he dado permiso a ciertas personas a que me hablen con sinceridad —y me comprometí por adelantado a escuchar cualquier cosa que tengan que decirme. Mi esposa Janet es la primera en la lista, pero también me he sometido a mis pastores y otras personas. Esto es dar preferencia el uno al otro, pero es solo una parte de ser humilde.

Para mí lo más significativo de ser humilde es como esto se relaciona con Dios. El mundo nos enseña a ser independientes y solo confiar en nosotros mismos. Pero Dios quiere que dependamos de Él y no de nuestro entendimiento o habilidades. Cuando dependemos totalmente de Dios, vivimos la realidad de que todo se trata de Dios y no de nosotros.

Jesús es nuestro modelo para seguir. Él es Dios y, aun así, se humilló a sí mismo y nació en un pesebre, sometió Su voluntad al Padre y tuvo una muerte humillante en la cruz. Él hizo todo esto por nosotros —no por debilidad, sino por fortaleza. Él fue fortaleza bajo un control absoluto.

Dios desea que vivamos humildemente —poniendo a los demás antes que a nosotros mismos. No somos como alfombras de una entrada, sino un ejemplo de Dios para los demás. Esto nos permite poder servir de forma sobrenatural.

Sirvamos de todo corazón

Servir a los demás como si estuviéramos sirviendo a Dios no sucede sin tener en nuestro interior una humildad que dependa de Dios. Pero cuando confiamos en Dios completamente en humildad, podemos servir a otros de forma sobrenatural. Un negocio que pasa de lo natural a lo sobrenatural servirá a tu círculo de influencia de la misma forma, porque no estamos enfocados en hacerlo a nuestra manera —estamos enfocados en vivir y servir a la manera de Dios.

Demasiadas personas han tratado de servir sacrificando sus propios recursos. Esto no perdura. Se agotan rápidamente, se secan y no pueden completar la obra de Dios para sus vidas porque estaban confiados en lo que tenían para ofrecer —y lo tiraron todo. Por eso, Dios nos pide que sirvamos como si lo hiciéramos para Él. Dios provee los recursos desde Sus interminables suministros.

Dios me mostró que mi verdadero trabajo es servir a las personas con quienes trabajo y posicionarlos para que sean exitosos. El verdadero servicio es transformar. Pasé de ser un organizador de proyectos a alguien que entiende que puede ser exitoso mientras ayuda a las personas a quienes sirve para que sean exitosos. Cuando actuamos como el conducto por el cual se manifiesta el poder de Dios, somos bendecidos en nuestro andar. Esto es un beneficio que surge naturalmente cuando servimos como Jesús lo hizo.

Sé valiente

Cuando servimos por medio del suministro de Dios, podemos confiar en Él aun cuando sintamos temor. Puede parecer aterrador dar ofrendas o servir cuando no tienes suficiente para ti mismo, pero el valor no es la ausencia del temor. Ser valiente significa hacer lo correcto, aun cuando sientas temor.

El temor nos hace retroceder. Hace que no queramos soltar lo que tenemos —tus habilidades y entendimiento —y retener cuando Dios te dice que des y sirvas. El valor nos inspira a salir de la barca y andar hacia las olas que azota el viento, junto a Jesús… y hacia el diseño de Dios para tu futuro. Quizá no puedas ver hacia dónde te está llevando, pero mientras tengas tus ojos en Jesús y no en las circunstancias, tendrás el valor para vivir y trabajar de forma sobrenatural.

Persevera a través de las dificultades

Podemos desarrollar valor cuando perseveramos en medio de las dificultades y enfrentamos el temor. En ocasiones, aun cuando es de parte de Dios, enfrentamos obstáculos y debemos perseverar. Quizá, no será tan fácil incluso cuando sea la voluntad de Dios. ¿Estás dispuesto a orar y a continuar orando, trabajar y continuar trabajando y creer y seguir creyendo?

Jesús nos dice que hay una recompensa cuando perseveramos de esta forma. Nos dice que toquemos a la puerta y sigamos tocando y que pidamos y sigamos pidiendo. Hay momentos donde debemos aferrarnos a lo que Dios nos ha mostrado. Pero ¿Cómo puedes estar seguro de lo que es, a menos que hayas desarrollado una relación con Dios por medio de la oración? No puedes. Lo afirmo nuevamente: Por eso es tan importante pasar tiempo con Jesús.

Cuando tienes la seguridad de que proviene de Dios, te corresponde salir de la barca, pero es Dios quien proveerá el próximo paso que tomarás. Aun cuando no sea fácil, debemos perseverar hasta que Dios nos diga que debemos detenernos. Perseverar tiene el poder de convertir esas dificultades en carácter firme. Cada vez que persistes en las promesas de Dios, estarás fortaleciendo tu confianza en Él y obtendrás el valor para el siguiente reto. Tu capacidad seguirá creciendo hasta que estés listo para participar en la transformación de Dios en tu vida y trabajar en algo que será mayor que este mundo —algo sobrenatural.

El honor produce milagros

Jesús nos demostró que el honor es la clave que desencadena el poder milagroso de Dios. Produce la unidad y el acuerdo que suaviza las relaciones y el funcionamiento interno en tu oficina. Cuando dejamos de lado nuestras ventajas e incluso a nosotros mismos para honrar a otros, estamos demostrando a Dios que lo honramos a Él primero.

El acuerdo que viene del honor transformará completamente la dinámica de tu hogar y matrimonio. No hay nada comparado con trabajar en unidad con nuestro cónyuge y esa misma dinámica puede ser real en tu trabajo también. Nunca he lamentado cuando he esperado para estar de acuerdo con Janet, pero muchas veces he cometido errores cuando he procedido sin ella. Ahora bien, imagínate tener esa misma unidad en tu oficina. ¿Qué tal si tuvieras eso mismo con las demás personas que te ayudan a tomar decisiones? ¿Qué cosas podrías lograr estando en unidad? ¡Te garantizo que podrías cambiar la cultura de tu compañía y transformar la atmósfera!

Cambia la atmósfera

Todo esto —todos los cambios en nuestro carácter y vida interna— están diseñados con un propósito: Cambiar la atmósfera de nuestras vidas y negocios de una forma que muestre la bondad de Dios y atraiga a las personas hacia Él.

A Dios no solo le interesa que ganes dinero. A Él no solo le interesa que seas exitoso o que tu negocio prospere. Sin embargo, estas cosas sucederán cuando busques a Dios y Su Reino, primeramente. Cuando haces las cosas a la manera de Dios y tu negocio se convierte en un negocio sobrenatural, ¡el resultado será todas las bendiciones del cielo!

Tu negocio sobrenatural cambiará las vidas de empleados, subcontratistas, vendedores e incluso, clientes. Las personas vendrán a Jesús y sus vidas serán cambiadas para siempre. Dios transformará la forma en que viven y trabajan, y esto será un impacto para sus familias. Otros vendrán a Dios y el efecto continuará propagándose. A través del camino, Dios los bendecirá a ellos —y a ti.

Una cultura de integridad, humildad, servicio, valentía, perseverancia y honor ha cambiado la forma en que hacemos negocios en *Mike Rovner Construction;* pero aún mucho más importante, las vidas de cientos de personas que han sido transformadas. No convertimos nuestra compañía en una iglesia y dejamos de trabajar. En vez de eso, abrimos paso a lo sobrenatural dentro de los negocios y dejamos que cambiara nuestra forma de trabajar todos los días.

¿Qué quiere hacer Dios en el lugar dónde tú trabajas?

Dios quiere escribir tu historia

No te confundas —Dios no juega a tener favoritos. Si Dios puede hacer todo esto por medio de un hombre como yo que vendía drogas y con un hogar disfuncional, lo puede hacer con cualquiera. Él desea profundamente hacer por ti lo que hizo por mí.

Si deseas prosperar y sobresalir en la vida y los negocios, si quieres ser un embajador para Dios en el trabajo y si vas a experimentar un gran éxito, debes caminar por lo sobrenatural. Esto va de la mano con la obra que Dios desea hacer por medio del cambio de atmósfera en tu vida y negocio —llevarlo de ser un lugar bueno, ético y aún cristiano, a transformarlo en uno sobrenatural por medio del cual Dios pueda, milagrosamente, cambiar vidas.

El cambio —y los beneficios —comienzan contigo, pero no están destinados a terminar contigo. La transformación no es solo para tu beneficio; es para que tú, a tu vez, puedas ayudar a otros. Esta es la forma natural en que Dios obra. Es también la razón por la cual Dios tuvo que dirigirme hacia estos principios, los cuales he compartido contigo. Antes de que Dios hiciera prosperar tanto a *Mike Rovner*

Construction —Él sabía que yo necesitaba operar bajo una mentalidad sobrenatural para poder manejarlo.

Ahora, es tu turno. He hecho todo lo posible por relatar las cosas que Dios me enseñó a través de mis historias y lecciones de vida. Tú conoces los principios y has visto ejemplos de ellos en acción, a través de este libro.

Es el momento de que comiences a aplicarlos. No te harán ningún bien si solo se quedan en tu mente y no se convierten en una transformación del corazón.

Mi oración es que este libro sea el catalítico que produzca ese cambio en ti y tu negocio. ¡Los días de tener un negocio natural se acabaron! La frontera de una vida sobrenatural esta frente a ti.

Tu negocio es un milagro esperando suceder —la pregunta es: ¿Creerás lo suficiente en Dios como para salir adelante? ¡Por supuesto que lo harás!

Contacto del autor

Si deseas ponerte en contacto con Mike Rovner, buscar información, comprar libros o para invitaciones, por favor comunícate con:

Thrive Teaching
www.thriveteaching.org
info@thriveteaching.org

Mike Rovner Construction, Inc.
5400 Tech Circle
Moorpark, CA 93021
(805) 584-1213
www.rovnerconstruction.com

Sigue a Mike Rovner
www.facebook.com/MikeRovnerConstruction
www.linkedin.com/company/mike-rovner-construction-inc
www.twitter.com/MikeRovnerInc

Sobre el autor

Mike Rovner es el presidente y fundador de *Mike Rovner Construction, Inc.* Clasificado entre los contratistas generales más prominentes, con 300 empleados y $60 millones en ingresos anuales. Junto con un equipo excepcional de profesionales reconocidos en la industria, *Mike Rovner Construction* ha completado proyectos de renovación multimillonarios que le han otorgado un portafolio entre los líderes de la industria de la construcción, incluyendo a Shapell Industries, G & K Management Co. Inc., The Irvine Company, Legacy Partners, Essex Property Trust y muchos más.

Los clientes de *Mike Rovner Construction* celebran la compañía por su compromiso firme para brindar la más alta calidad de trabajo – con entregas siempre a tiempo y por debajo del presupuesto. Esa es la razón por la que *Mike Rovner Construction* está clasificado entre los primeros en la lista de los contratistas preferidos para desarrolladores de prestigio y firmas de gestión de activos en California.

Con más de tres décadas en la industria de la construcción, Mike Rovner estableció su compañía en 1992, luego de una carrera notable como contratista en pintura y paneles de yeso, tanto residencial como unidades multifamiliares. Su extenso historial abarca desde estimados, planificación y todas las áreas de adquisición de materiales y operaciones, trabajando en conjunto con arquitectos, ingenieros y diseñadores. Además, es reconocido por su vasta experiencia al trabajar exitosamente con agencias gubernamentales relevantes, y con excelentes relaciones profesionales, las cuales han servido para brindar grandes resultados en los proyectos de sus clientes.

La fe siempre ha jugado un papel esencial en la distinguida carrera profesional de Mike Rovner – a tal grado que es un orador solicitado en el área de la ética en los negocios y escribió *Negocio Sobrenatural*, basado en sus principios sobre los valores y el éxito.

Rovner sirve en una variedad de comités sin fines de lucro y organizaciones, incluyendo Los Angeles Dream Center, Life Impact International, City Church California y es miembro de Urban Land Institute, Building Industry Association of Southern California (BIASC), California Building Industry Association (CBIA) y National Association of Home Builders (NAHB).

www.ingramcontent.com/pod-product-compliance
Lightning Source LLC
Chambersburg PA
CBHW060319050426
42449CB00011B/2557